U0629460

# 基于新技术的小学个性化学习探索与实践

江涛 主编

辽宁人民出版社

© 江涛  2021

**图书在版编目（CIP）数据**

基于新技术的小学个性化学习探索与实践 / 江涛
主编. —沈阳：辽宁人民出版社，2021.8
ISBN 978-7-205-10254-8

Ⅰ. ①基… Ⅱ. ①江… Ⅲ. ①高技术—应用—小学
教育—教学研究 Ⅳ. ①G622.0-39

中国版本图书馆CIP数据核字（2021）第159132号

出版发行：辽宁人民出版社
　　　　　地址：沈阳市和平区十一纬路25号　邮编：110003
　　　　　电话：024-23284321（邮　购）　024-23284324（发行部）
　　　　　传真：024-23284191（发行部）　024-23284304（办公室）
　　　　　http://www.lnpph.com.cn
印　　刷：辽宁新华印务有限公司
幅面尺寸：170mm×240mm
印　　张：17
字　　数：205千字
出版时间：2021年8月第1版
印刷时间：2021年8月第1次印刷
责任编辑：高　丹
装帧设计：丁末末
责任校对：吴艳杰
书　　号：ISBN 978-7-205-10254-8

定　　价：50.00元

# 编委会

**主　编**　江　涛

**副主编**　万　晶

**编　委**　田　冬　张　鹏　姜　颖　盖楠楠　孙丽梅

　　　　　曹　悦　马金鸣　丛　铭　康亚男　郅　然

　　　　　宋　曼　范　崇　王雅楠　朱艳林　王　坤

　　　　　白　露　高　超　王雁雯

# 序　一

　　党的十九大之后，"实现教育现代化、由教育大国迈入教育强国"成为新时代教育的主题。在深入落实《教育信息化2.0行动计划》的基础上，中共中央、国务院印发了《中国教育现代化2035》，极大地推进了教育和教育信息化向高质量发展。

　　2020年，突如其来的新冠肺炎疫情给教育信息化的推进和应用带来了巨大机遇。在此过程中，学校的发展形态、学生的学习场景、教师的队伍建设、课程与教学设计等都迎来了新的变革。智慧校园建设、育人模式变革、基于大数据的教育治理等也都取得了较大的进步。然而，我们都知道教育信息化的本质问题是教育的问题，是教育因材施教、是学生个性化成长发展的问题。在学校传统的教育条件和育人模式下，这个问题很难从根本上得以解决。但在信息时代和智能时代，随着教育信息化的推进与实施，使得这个问题的解决成为可能。云计算、物联网、大数据、移动技术和人工智能技术等正逐步与学校建设和教育教学深度融合，学校教育正逐渐走向面向学生的精准性和个性化教育。充分利用信息技术，全面完整地采集学生的学业数据和行为数据，可以构建全面立体的学生数字画像，从而对学生实施精准评价，做到精准的学情分析，实施分层教育，因材施教。沈阳市沈河区文艺二校遵循学校教育教学规律和人的成长发展规律，面向服务于学生个性化成长、服务于教师的专业发展、服务于学校的现代化建设，以"责任教育"的办学理念为引领，通过与互联网企业跨界合作、跨区域合作和共建共享等方式，促进信息技术在教育教学和教育管理过程中的常态化应用，深入推进了学校信息技术与教育教学的深度融合和创新发展。

落实《中国教育现代化2035》精神、实践学校教育信息化的转段升级、探索学校教育管理的智能性、教学模式的适应性、教学内容数字化与多样性和学生学习的个性化与自主性等等，都需要打破学校传统教育的故步自封，需要重新构建智慧教育的发展新生态。在学校实践教育信息化，突破时空限制、推动教与学的双重变革的同时，也为区域教育均衡按下了"快进键"。沈阳市沈河区文艺二校在总结教育信息化实践经验的基础上，以案例形式分析精准教学的经验和实践，以供中小学校参考与借鉴。

辽宁省电化教育馆　馆长

沈阳师范大学　教授

# 序 二

随着国家《教育信息化2.0行动计划》的发布，基础教育信息化落地终于有了完美的顶层设计。由"三全两高一大"引领着k12教育信息化走上正轨，向着"由物及人，由建设到应用，以落实立德树人"的根本目标加速推进。早在信息化1.0时代，沈阳市沈河区文艺二校等先行学校就已经开启探索，并取得一些成绩。当下，顺应时代发展，推动教育信息化水平进一步提升，既是趋势，更是责任。

沈阳市沈河区文艺二校教育集团是目前沈阳市规模最大的公办小学教育集团，现有五个校部、三所幼儿园、一所托管校，师生近1.2万名。学校从2008年的一所单体学校，发展成为2020年的跨区域教育集团，其管理难度与日俱增，教学协同考验巨大。如何保证治校效率，如何提升教学质量，就是一把基因锁，打开它，文艺二校的模式和品牌将得到巨大提升。而信息化，就是打开这把锁，并迈向未来的关键钥匙！

十二年里，文艺二校依托信息化建设，不断从教育信息化环境、课程、课堂和特色等四个方面进行布局、实践和迭代突破，走出了一条"信息技术助力—办学效能提升—集团品牌增值"的发展之路。

莫道君行早，更有早行人。在现实需求的"逼迫"下，学校摸索着先行启动，一批青年教师成为急先锋、马前卒，边干边学，学以致用，一直沉浸于以信息化推动学校现代化、特色化发展的探索。他们秉承"让信息化提升集团办学效能"的宗旨，围绕"依托信息化建设，创建品牌集团"的工作目标，实施学校信息化建设工程，一路攻坚克难，实现了信息化环境、课程、课堂和特色等四个方面的突破，成为教育信息化的领跑者——辽宁省内首家全校无盘化管理、NAS云存储、首批实行VPN网络远程办公；沈阳市首批交互式电子白板全覆盖；2012年成为教育部首批信息化试点校，沈阳市首批进行一对一数字化教学实验探索学校。

打造环境，升级功能，解决"做得通"的问题。学校信息化环境建设逐渐形成基础设施、互动宣传、特色发展三个功能层；通过建设"两班"（一对一数字化教学常态班）、"一室"（数字化探究实验室）、"一坊"（创客"小叮当工坊"）、"一馆"（科技体验馆），为提升学生信息化素养提供了更加多元而适宜的环境。

建设课程，形成体系，解决"做得实"的问题。学校在总体责任教育课程框架下，构建了"三阶"信息化课程体系。通过技术融入课堂、融入学科、融入实践，让信息化大餐滋养孩子成长的全过程。

寻找策略，搭建平台，解决"做得巧"的问题。如果说，过去学校对教育技术的应用大多是支撑教师更好地教，那么，今天学校更多思考的则是如何利用信息技术来支撑学生有效地学。结合教育部试点校项目，近两年，我们把研究方向确定为无线网络下一对一互动学习平台的探索。通过培养"引路人"，创新"学习场"，研创"智慧包"，实现导学策略的升级。

开拓领域、特色升级，解决"做得新"的问题。学校将"创客"定位为推动学校信息化发展的特色项目，即以造物的形式综合应用学科知识。

其目标是培养坚守创新、持续实践、乐于分享的人。当创客与教育相遇，"创客教育"便诞生了。我们定位的"创客教育"就是集创新教育、体验教育、项目学习等思想为一体，发展学生富有好奇心和创造力的天性。

在三星级数字化校园的建设过程中，学校、师生也发生了翻天覆地的变化——学校从信息的孤岛变成了资源的中心；教师从传播知识的劳动者变为先进文化的创造者；学生从被动接纳知识的容器变为知识海洋里欢快畅游的小鱼。

历经三年的实践探索，学校申报的教育部信息化试点项目"基于网络的自主学习方式促进学生个性化发展的探索"获得专家组验收通过。教育信息化建设助推集团跨越式发展，今天的文艺二校以区内合并弱校、领建新校，跨区输出品牌、输出服务的作为，以服务社区扩大五倍，在校师生逾万人的庞大规模，以及节节攀升的社会认可度，成为沈阳最有影响力的小学教育集团。正朝向"师与生共同成长，家长与社会满意，规模与质量双赢"的集团愿景迈进。在这其中，信息化工程起到了巨大作用，成为腾飞的驱动器之一，而一批青年教师，也得到了历练，成长为现代的复合型信息化教育人才。

面向未来，敢为人先的文艺二校将继续承责任之志，让责任至上的精神成为学校发展的不竭动力；凭信息助力，让信息化建设溢出教育附加值；谋跨越发展，借集团平台，让"互联网+"环境下的教育生态拥有更多公平、更高质量和更美好的未来！

**沈阳市沈河区文艺路第二小学教育集团总校长　田　冬**

# 前　言

教育信息化是一个与时俱进、不断迭代的过程，其意义是让教学、让管理、让学习智能化，真正实现减负增效。教育信息化的价值关键在于通过优化教育资源配置，改变学生的学习方式，优化教师的教学方式，提升教育的质量，让教育变得更有智慧。文艺二校沈北分校从改变管理思维、改变教育模式和改变服务理念三大方向入手，高效利用信息化手段，让科技赋能教育。

沈阳市沈河区文艺路第二小学沈北分校成立于2018年，是沈阳市沈河区文艺二校教育集团的第一所托管校，师生近2000名。学校采取合作办学的模式，把"责任、传承、创新"这三个要素作为办学成功和引领学校走向品牌升级的核心要素，积极开展智慧教育创新研究、构建智慧学习支持环境、推动新技术支持下教育的模式变革和生态重构，促进师生素养整体提升，推动教育高质量发展。

建校三年来，文艺二校沈北分校在教育信息化发展进程中以云计算为基础，整合物联网、人工智能、大数据等技术，通过"三建、三抓、三协同"，打破各个数据壁垒，做到云、网、边、端的协同优化。

欲工其事必利其器。"三建"是建机制、建环境、建队伍。学校成立了由校长牵头、名师骨干加入、专家团队支撑、企业人员配合的信息化工作领导小组，设置了由专人负责的信息技术中心，定期研究、完善机制、明确思路和举措。信息化教学环境实现了"五覆盖"，即无线网络全覆盖、智慧黑板全覆盖、电子班牌全覆盖、网络学习空间教室全覆盖、学科数字资源全覆盖；拥有了"五平台"，即网络空间平台、学科资源平台、智慧课堂平台、综合素质评价平台和教学管理平台。由网络时代的原住民组建的充满朝气与现代化教学技术的年轻教师团队，敬业、爱生、勤研、善教，为学校教育信息化发展注入了不竭动力。

"三抓"是抓教学与技术的深度融合与应用、抓科学与高效的智能化管理、抓资源的研发和系统性整合。如果说过去学校对教育技术的应用大多是支撑教师的教，那么今天我们更多思考的则是如何利用信息技术来支撑学生富有个性化的有效的学。学校全员开设了人工智能课程，为不同年龄层次的学生量身打造独具特色的课程内容，包括机器人、航模、3D打印、环保城市、海绵城市、无土栽培、数字动漫等，将实体资源、虚拟化现实资源、远程资源以及个性化场景等有机融合，让想象力与新技术完美结合，让课程焕发出了新的光彩。信息化管理上实现了全校无纸化办公、无盘化集中存储（两台96T/NAS网络服务器）、物联网安全管控和校园监控无死角。学校运用互物联网、大数据、人工智能、AR/VR等新一代信息技术，整合数字教育、智慧教育和各类信息系统资源，一方面采用"拿来主义"，充分使用国家、省、市教育资源公共服务平台，购置配套资源；另一方面"自挖潜力"，设计制作有针对性、适合学生个性需求的校本资源，形成配套的校内"迷你资源库"。通过统一采集教育管理涉及的教育教学等信息，提供智能化大数据分析能力，输出各类数字画像，为教育、教学、管控提供切实有效的针对性参考依据。

"三协同"即集团互动协同建设、区域互联协同教研、校企合作协同发展。面向未来国力竞争和创新人才的需求，顺应"互物联网+"趋势，学校结合省、市规划办课题和集团基础教育教学成果的培育，把研究方向确定为智能教育和智能管理的新路径，推动信息技术和教育教学的深度融合，努力在"创客教育、智慧课堂、安全管控"等方面进行大胆尝试与积极探索。充分利用网络互联互动，探索"三个课堂"、在线教学等常态化应用，互联网、云视讯等技术，建设覆盖全校的全部教学岗位教师的教学均衡能力提升系统，实现优质教育资源均衡化，做到"优质资源共享、学科优势互补、教师共同发展"。目前，学校已与沈阳师范大学教育技术学院、沈阳摩尔创客研究院、沈阳移动、沈阳东泰科技、智学慧校、超星、武汉天喻、西安青柠、广州八爪鱼、厦门优芽等多家科研机构和科技企业签订了合作协议，就创客教育、5G专递课堂、学生个性化数据采集、数字化精准教学、名师空间建设、智慧课堂、人工智能、微课资源等进行进一步深入探索与实践研究。

教育信息化成为推动教育改革与创新的重要引擎。顺应教育改革大势，实现"未来学校"目标，培养在数字时代具备竞争力和幸福能力的学生，是我们的首要动力。历经了从拓荒到坚持、从全面铺开到沉淀反思的历程，我们将继续朝着"高品质、现代化、内涵式发展"的美好愿景努力前行！

江　涛

# 目 录

# 第一章

# 顺势而行　借力而为

面对今天科学技术日新月异的信息化社会，只有具备独立思考能力和创新精神的综合型人才才能应对各个维度的经常性、颠覆性挑战。教育事业同样如此，教育需求、教育场景的变化也需要教育工作者迅速转型为适应信息化环境的复合型现代教育人。《国家中长期教育改革和发展规划纲要（2010—2020年）》明确指出，把教育的目标定位在培养全面且有个性的学生上，要尊重教育规律和学生身心发展规律，为每个学生提供适合的教育。"个性化教学"越来越成为我国基础教育改革和研究的热点问题。个性化教学的具体要求是尊重学生个性的教学，根据每个学生的个性、兴趣、特长，进行"多对一"的施教，即多个优秀老师对一个学生，根据学生个性发展需要，学生完全是一种自主性的学习。

学生学习需要自主性，学校走上教育信息化道路，也需要自主性，更需要贴合学校的个性。文艺二校在推动过程中，重点基于自身原点，去设计、筹划，做好整体导向，走出了与"专家引领、企业设计、学校应用"这一与常规路线不尽相同的新模式。

针对大班额而导致的"粗放式，经验式"教学、传统观念下形成的

"重全体，轻个体"教学、技术条件下的"缺手段，难精准"教学以及针对教学的"标准件，抽象式"评价等弊端，我校自2012年开始探索基于新技术的小学个性化教学，思考如何通过现代教育技术与教学变革的深度融合与创新，为个性化教学插上现代教育技术的翅膀，探索"应用现代教育技术—开展个性化教学—促进个性化学习"的实践逻辑与实施路径。学校依托辽宁省规划办课题"基于数字化环境下的小学个性化学习研究"，一方面借助企业技术，发挥集团化办学的师资优势，创建能够服务于师生个性化教与学的"文艺二校教学云平台"；另一方面抓好教师团队建设，通过新技术与教学的深度融合应用，构建个性化教学的具体实施和评价体系，通过"资源推送、自主选择、数据采集、学情分析、数字画像、精准指导"，真正实现技术与教学改革的深度融合，走向因材施教，精准施教、精致育人，满足学生个性成长的需求，提高教学质量。

# 第一节 "互联网+"时代的教与学

## 一、未来学习新趋势

互联网、云计算、物联网等技术的快速发展，给学校教育的信息化建设带来了深刻的影响，学校信息化进入一个"跨越式"发展阶段。在学校的正规教育里，信息化对以教师为中心、面对面、"黑板+粉笔"为主导的传统教学模式产生巨大的冲击。

教育部公布的《教育信息化2.0行动计划》明确提出："教育信息化就

要坚持融合创新。发挥技术优势，变革传统模式，推进新技术与教育教学的深度融合，真正实现从融合应用阶段迈入创新发展阶段，不仅实现常态化应用，更要达成全方位创新。"

以多媒体、网络为代表的新技术手段走进传统课堂，使课堂教学更加生动、更加有效。除此之外，信息化还带来大量网络数字教学的新模式，这些新的教学模式与传统模式相比，不仅形式新颖，还引进许多新的教学理念，强调以学生为中心，更加注重发挥学生的主动性等个性化的教育方式。唯有认清趋势，文艺二校的教育信息化建设才能紧密围绕"智慧"的理念，有的放矢，打造出信息时代的"智慧校园"。

**（一）趋势一：增强学生人际沟通能力（合作学习）**

合作探究学习是以学生为主体，在单一教室场景下，利用智慧黑板、课件资源以及教师的指导与点拨，从而与其他学生一起合力完成某项项目的学习方式。它更加重视探究过程中学生的体验。学生的学习过程不再是被动的，而是转变为主动参与，通过合作探究学习，进行交流和研讨，发表自己的观点和评论，在合作学习的过程中，共享各种学习资源，共同完成一定的学习任务，从而在成员之间形成了相互影响、相互促进的人际联系。

**（二）趋势二：促进形成学习共同体（交互性学习）**

互联网时代衍生的交互合作文化对教育的直接影响就是它扩展了教育方式的界限。

从教育目标上：从传统课堂中的竞争关系，转变为追求相互合作、充满关爱的学习体验，教师会鼓励学生进行批判性思维和创新创造，挖掘他们的个性特征和潜在能力。

从师生关系上：在互联网信息技术的深刻影响下，传统一师对多生的学习模式将发生根本转变，浩瀚的网络学习资源为学习者提供了更为多元的选择机会，多师对一生的学习模式将成为常态。

如此，师生、生生之间的网络化交流与互动的结果就是形成具有泛在化特征的学习共同体。这种学习交互平台，使不同地区学习者能随时随地自行组织学习活动，与其他学习成员进行交流和协作也成为了可能，这在一定程度上解决了以往在传统课堂中小组成员组合的随意化、任务分工的形式化、过程组织的自由化、学习机会非均衡化等问题。

### （三）趋势三：建构学习生态（混合式学习）

新兴技术的开发与应用，极大地增加了学生学习的多维体验，从而让学生的学习在技术的支持下朝着深度学习迈进。

首先，实现学习平台线下学习与线上学习的衔接，让学习资源从不足、有限到师生共创的方式转变，从而支持深度学习，进而培养学生们的协作能力以及问题解决能力。这里的关键是如何创设指向学科核心素养的真实情境与真实任务。我们倡导教师和学生开展更为平等的互动，在技术工具的支持下，教师与学生们共同探究开放性问题，重新创造出新的学习环境，让学习的历程也成为创造的过程，这样在形成新的师生文化的同时也是一个社会建构与人格建构的过程。

通过线上学习，不再局限于课堂，打破空间壁垒，让学到的知识充分实践，将"学"与"习"有效融合；学生可以反复学习课程资源，根据自身情况，将学到的知识打牢、夯实。混合学习，将面对面课堂学习与在线学习有机整合。利用线上线下的教与学将课前预习、课上学习、课后复习串联起来，让学生可以在多资源、线上与线下相融合的混合式学习模式下，从供给式的接受学习转向需求式的渴望学习。

### （四）趋势四：授之以鱼不如授之以渔（自主学习）

传统的教学模式以教师为主体，学生对教师的依赖性较强，而自主学习的主体是学生。教师要打通线上线下的教学场景，充分调动学生的积极性和主动性，把学生能够自己学会的内容全部交给学生，由学生通过线上自主学习来完成，学生自己学不会的或需进一步挖掘的内容，再由教师进行有针对性的线下教学指导，从而提高教学效益。教师依据学生学习的不同情况和教学进度，挑选优质资源内容推送给学生，并确保资源的准确性和针对性。

### （五）趋势五：让数据"慧"说话（个性化学习）

每一个孩子都是与众不同的，有自己独特的天赋特性、偏好和优势，也有不同于别人的弱点。个性化学习是通过对学生全方位的评价发现和解决学生所存在的学习问题，为他们量身定制不同于别人的学习策略和学习方法，让学习的发生更有效。

一是教师可以利用网络，通过交互平台对学生的提问类型、人数、次数等进行大数据统计分析，根据学生在学习中遇到的疑点、难点和共性问题及时调整与优化教育资源，对个别特殊问题辅之以个性化指导。

二是"智慧校园"中针对学生个性化、智能化等设计特点为学习的私人定制提供了可能。定制学习基于科技的力量，尤其是通过个体行为偏好的大数据分析与跟踪，确定学习者所需的学习资源类型，通过智能推送学习资源和个性化学习服务支持，记录每个学生的学习基础、学习速度、学习进度以及交互情况，为他们提供有针对性的学习建议。

伴随新技术融入课堂教学，可以有效地推进学生个性化学习。教师在个性化行为分析的智能环境中，充分运用技术平台和软件实时了解学生动态；学生在个性化行为分析的智能环境中，利用平台实时了解自身状态，进行个性化学习，可以充分激发创造性和想象力，促进学习者高阶思维能力发展，进行知识的迁移和应用，达到深度学习的目标。

## （六）趋势六：促进高阶思维发展（深度学习）

深度学习是一种能够使学生将从某一情境中所学的知识应用到学习新情境中的学习过程。新兴技术的开发与应用，极大地增加了学生学习的多维体验，从而让学生的学习在技术的支持下朝着深度学习迈进。

首先，实现学习平台线下学习与线上学习的衔接，让学习资源从不足、有限到师生共创的方式转变，从而支持深度学习，进而培养学生们的协作能力以及问题解决能力。这里的关键是如何创设指向学科核心素养的真实情境与真实任务。我们倡导教师和学生开展更为平等的互动，在技术工具的支持下，教师与学生们共同探究开放性问题，重新创造出新的学习环境，让学习的历程也成为创造的过程，这样在形成新的师生文化的同时也是一个社会建构与人格建构的过程。

其次，通过技术平台构建更逼真的场景与体验，帮助学生进入任务情境，激发他们在真实复杂的情境中去创设与探寻自己设定的任务，串联起已有经验，不断迁移应用。此时，技术的丰富度就会因为任务的多样而释放出自然而又真实的力量，学生在消费知识的同时，也成为了知识的生产者与分享者。

再有，借助于人工智能技术，技术手段的创新应用可以利用传感器技术监控空气、温度、光线、声音、气味等物理环境因素，为学习者提供舒适的物理环境；通过对学习者的动作捕获、情感计算、眼动跟踪等感知，记录其在知识获取、课堂互动、小组协作等方面的情况，追踪学习过程，分析学习结果，建立学习者模型，从而更加全面、准确地评价学习者的学习效果；根据学习者模型和学习情况的大数据分析为他们提供个性化的学习方案和学习资源；根据学习者的学习力和学习需求推荐适合的学习社群，为社群学习的沟通和交流提供技术支持，从而全方位帮助学习者投入轻松的、积极的有效学习。当然，这些的前提一定是建立在数据隐私与伦理允许的情况下。

### （七）趋势七：做一名"设计师"（STEAM学习）

STEAM教育以综合运用学科知识解决问题的特点，在传统与科技的冲击下，成为一种新的学生方式。STEAM教育作为"设计与制作"为主题的课程学习，以项目驱动式教学，学生面对项目目标，以合作探究的方法，生生互动，依据项目发现问题、分析问题、解决问题，从而完成项目搭建。面对项目搭建的问题，学生需要整合课上教授的内容，跨学科融合知识，解决情境下的问题。

STEAM学习让学生经历完整流程并得到展示，也能够对课本的知识与生活中的知识有更深入的认识，在完成项目的过程中发现问题和总结经验。让学生有了新的学习方式，学生通过动手实践、制作综合跨学科运用知识解决真实问题。这种学习方式打破学生思想上学科不互通的认知误区，让独立的学科连接成线，融合成面，运用成体。让知识立体地呈现在学生认知世界里，提高自身的敏锐性、洞察力，在完成项目的过程中，在脑海中迸发出创造的闪光点，通过综合运用知识提高自身的综合素养。

### （八）趋势八：让学习随时随地发生（泛在学习）

泛在学习，顾名思义就是指每时每刻的沟通，无处不在的学习，其目标就是创造让学生随时随地、利用任何终端进行学习的教育环境，实现更有效的学生中心教育。在学校"智慧化学习"环境的创建中，泛在学习的实现需要数字化技术环境、数字化学习资源、复合教学模式和灵活学习支持服务等多方面资源的支撑。我们借助技术平台，打破了教育的围墙，学生的学习时空由单维走向多维。

时间上，学生的学习时间不必固定在某个单一的课程教学，他可以在技术的支持下利用手机、PAD等智能终端，在任何时间进行学习，甚至可以是即时学习或碎片化学习，正式学习也可以转化为正式与非正式相结合的方式。

空间上，在互联网技术的支持下学习空间可以从现实走向虚拟，由封闭、固定的学习场所走向开放、自由的网络空间，直接体现就是学习者由相对狭小的教室空间走向了广大、开放的区域空间，甚至全球空间，使得学习更为开放、自由。

同时，我们利用智慧校园的平台积极创建学生学习资源，满足学生正式的课程学习需要，并引导他们在进行非正式资源学习时，学会利用技术平台重新查找更合适的学习资源。通过学习，学生在进行思考、分析、总结后，撰写一些心得、体会，甚至编写一些新的资源，提供到资源系统中，形成生成性的共享资源。学习的目标、行为、过程、效果均由自己决定，不受任何外部因素的制约。这大大提高了有学习意愿的学生的学习兴趣，他们可以在任何时间、任何地点、和任何人、以任何形式进行任何内容的交互学习，共享互联网中丰富的学习资源。

未来主要学习方式特征

| 阶段 | 辅助教学 | 系统模式化 | 个性化 | 自适应 |
|---|---|---|---|---|
| 学习方式 | 合作学习<br>互动学习 | 混合式学习<br>自主学习 | 个性化学习<br>深度学习 | STEAM学习<br>泛在学习 |
| 主要特征 | 单一场景<br>师生互动 | 线上线下混合<br>多资源 | 云计算<br>大数据分析 | 跨学科、跨年级融合<br>知识与技能优化 |
| 融合点 | 学科内融合<br>合作探究 | 基于目标融合<br>"学"与"习" | 学情分析<br>过程评价 | 以项目驱动为基础<br>创造、分享 |
| 数字资源 | 课件资源<br>互动教学软件 | 微课、网课等<br>教育资源平台 | 数据分析平台<br>教育云平台 | AI智能<br>学习平台 |
| 信息环境 | 电子白板<br>智慧黑板 | 互联网 | 平板电脑<br>手机 | VR、AR、教学机器人<br>5G网络 |

## 二、探索"智慧化学习"学校教育新样态

### （一）创建"智慧化学习"所需的智能环境

要实现有效的"智慧化学习"，学校的管理者就必须创设与之相匹配的智能环境。文艺二校敢投入，会投入，通过"云、网、端"三方面的建设，来打好智慧校园基石，如果没有智慧校园的建设保障体系，学生智慧化的学习也就无从谈起。

第一，智慧在云端。智慧校园的建设可不是传统校园网或城域网的升级改造，它是在云计算和大数据技术支撑下，基于互联网和物联网技术建设的智能化校园。云计算和大数据技术就如同我们生活中所必需的水电一样，它为学校提供低成本的计算机资源，属于信息化建设中的基础工程。学校的管理者需要大规模的集成化云计算服务为智慧校园的系统运行供给资源。

第二，承载在网络。学校的管理者要清醒地认识到，如今试图通过互联网上网拨号或卫星接收设备来实现信息化的教育已经落伍。网络的承载能力不断提高，宽带进校园是信息化道路建设的关键，更是智慧校园创建的保障，只有这样，学校才会实现"互联网+教育"的深度融合。

第三，实践在端口。"端"是数据的来源，也是提供服务的界面。学校管理者在智慧校园的建设中通过创建智慧教室、引入智慧书包、创客课程等项目，使得计算机、Pad、可穿戴设备等设备成为学生"智慧化学习"实践的终端，从而实现教育智能化的改造。

### （二）把握"智慧化学习"对"人"的培育

在校园信息化建设飞速发展的今天，从教与学的内容与方式到课堂多媒体的应用，从教学评价的智能化到教育管理方式的重构，互联网对传统的教育模式可以说进行了颠覆性的改变。但作为学校的管理者，要清醒地认识到：人类的教育，变的永远是技术，不变的永远是人文精神。因为教育最困难的地方在于培养人的能力和情感体系，而这些是无法通过技术和工具完全实现的，因此，人才是其中最核心的要素。

在教师层面：教师已不再是课程资源的唯一供给者，专业机构、教学共同体甚至学生都可以成为课程资源的供给者。尽管技术的冲击重构了教师的职业生活，但学校管理者最关键的是一方面要努力培养教师信息化素质，一方面帮助教师回到教师本身，因为教育不能完全依靠技术、资源的个别化供给来实现，教育是个社会化过程，它需要教师专业性的情感投入、智慧投入。

在学生层面：不论互联网的技术怎样创新、发展，"智慧化学习"怎样开展，学校教育都不能偏离立德树人这个育人的根本任务。学校要在学生"智慧化学习"的过程中尝试以成就感驱动内在驱动力，让他们发自内心渴望研究并投入思考，来帮助他们的生命成长。

**（三）利用科技力量寻求学习形态的拓展**

有了智慧校园建设的基础保障和正确对待"智慧化学习"中对"人"的培育，接下来就需要学校的管理者充分利用科技的力量，让学习的发生更加简单、深入、有吸引力。

第一，自组织特征的突显。管理者应因地制宜地在校园平台中引入多个追求高度开放、多样、灵活的学习平台或寻求与之合作的正确方式。在未来的信息化应用中，空间与时间、学习内容与学习方式的多元就使得平台资源的丰富性在学生的整个学习过程中至关重要。学生可以根据自己的需求来选择智慧校园提供的适合自己的学习平台。而学习平台也可依据学生的年龄、性别、职业、学历等各种维度进行细分操作来实现深层次挖掘学生需求的目标。在管理者科学的监管下，隔绝网络可能带给学生的不良影响。

第二，新兴终端的灵活使用。手机、Pad 等融合了科技力量的学习终端，以操作简单易行、容易上手受到了学生的喜爱，学校可以利用网络平台引导学生进行微学习，并适时给予个性化辅导，创设简单、自由、开放、交互、融合的学习生态系统。当然，学校也需要注意这些终端设备对学生的不良影响，建议建立制约机制。

第三，自主精神的积极唤醒。在传统的教育模式中，整齐划一的教学方式和教学目标使得学生被动地接受知识，缺乏主动性，难以满足他们真正的学习需求，更无法充分照顾不同个体的独特需要。在管理中，学校应积极引导学生学会通过互联网自主筛选学习资源，自主制定学习目标、自定步调和自我考评，从而实现高效的自主学习。

第四，资源与方法的多元拓展。通过多学科或跨学科的课程设置，为学生多视角、多维度、多层次看待现实问题提供方法论指导，教师作为辅助学习者和指导学习者的角色，应当在学习过程中适时出现，引导学生的问题意识和创新思维的养成。有条件的学校可以充分利用创客教育的资源，帮助学生在"智慧化学习"的过程中，培养学生深入现实的问题意识和解决能力。

未来，我们清晰地预见"互联网+教育"的融合，"智慧化学习"也正因技术的革新而日趋完善，作为教育管理者，我们用什么态度来对待这场革命？希望我们在"互联网+"的时代坚守教育初心，以开放、积极的心态来完成我们对理想教育的追求，对学习方式的深度变革以及对新技术的集群突破。

# 三、走进校园的新技术

随着互联网、云计算、大数据等现代信息技术的深入发展和应用，信息技术对教育改革发展具有变革性影响已成为普遍共识。数据支撑、5G联通、人工智能的引入，未来的教育已在眼前。

## (一) 云计算支撑下的因材施教

如果将课堂中师生即时性的行为与现象的表现以大数据的角度来分析看待，就可以得到海量的数据信息：从外部表现可以分析学生的听课状态，比如，他在什么时候翻开书，在听到什么话的时候微笑点头，在一道题上逗留了多久，在不同学科的课堂上提问多少次，开小差的次数分别为多少，会向多少同班同学发起主动交流；在上课时，师生互动的各个环节，包括教师的讲授、提问，学生的回答中；从做练习的情况来分析，能够看到学生每一题所用时间、是否检查、总体错题率等；当学生使用终端设备学习时，包括上课做的练习，课下的浏览讨论，读书的阅览记录，实验讨论的问题，参加的活动等各项痕迹中处处体现大数据……学校、教师、家长等都可以通过对教育数据的分析，挖掘出教学、学习、评估等符合学生实际与教学实际的情况，有针对性地制定出更符合实际的教育教学策略。

1. 立足数据，生成智慧

大数据通过技术手段，记录教育教学的过程，实现了从结果评价转向过程性评价。例如，基于网络学习平台或电子课本，能记录下学生完成作业情况、课堂言行、师生互动、同学交往等数据，教师在期末时将这些数据汇集起来，有了更加丰富的素材与数据依据，可以发现学生学习成长过程的特点，能对学生的发展提出建议。同时，这些数据也可以促使教师进行教学反思，自己在哪些方面需要改进，从而促进和优化教学实施过程。

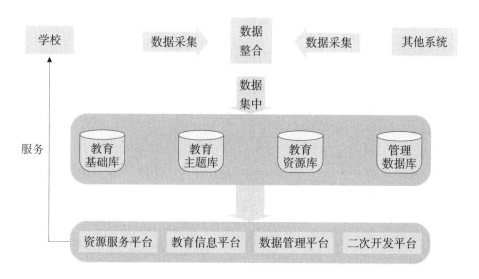

学校在环境建设、课程设置、课堂教学、教育创新各项工作中深度融合信息化，先行先试，积极做教育信息化的领跑者，在硬件配备、校园网站建设、网络安全保障、资源建设等方面均有了升级。从硬件打造到软件资源建设，从课程改造到特色创建，主动为师生搭建平台；建设了智能化的视频会议室、智慧教室、智慧型教学支持系统，利用电子书包（平板电脑）、校园智能监控系统和智慧校园管理系统，为学校的智能化教学、教研、教育管理等提供支持，实现班班通、教务通、家校通等功能；教室内外均装有公共计算机，便于学生查找资料和整理信息，体现了开拓领域、特色升级的理念。

2. 智慧课堂，发扬个性

（1）实时分析，辅助教学

一块黑板、一本教材、一支粉笔的传统教育模式正逐渐被改变，取而代之的是一种全新的教育模式。

基于网络环境下的一对一语文课《奇异的植物世界》充分体现了自主性学习与个性化学习。既有大数据的支撑，又有实践过程的呈现，充分地将学讲精神高度融合，实施了一对一数字化教学。在整个教学过程中，通过老师与学生们手中的iPad，可以随时显示学生做题的进度和完成先后情况，选择任何同学的作业展示在大屏幕上进行讲评；透过数据分析及时获取学生的学习情况，真正实现因材施教。也可以利用数字化平台中的抢答、随机抽选等方式，选择同学回答问题，极大地激发了学生的课堂参与热情，同时学生能够使用"百度"等软件搜索、查找资料，拓展了知识容量，也体现了数字化教学"共享、便捷、大容量"的特点，取得了较好的学习效果。

在四年级数学课《字母表示数》中，学校教师灵活运用平板互动，通过大数据反馈，用精准的数学评价语言引领学生，教态大方自然，一颦一笑间为孩子们打开了思维的大门。充分体现了新课改精神，倡导学生自主学习，合作探究。教师适时的点拨与指导使学生不但掌握了知识内容，更习得了学习方法，提升了思维能力。

教师们也更加深刻认识到不但要做课堂的教学者，更要成为学习的设计者，让每一个孩子都能在科学合理的教学设计中经历有意义的学习过程。"风物长宜放眼量，直挂云帆济沧海。"自我反思能使教师不断走向成熟和完善的过程。没有最好，只有更好。

（2）数据分析，合理评价

学校结合相关软件实现客观性、过程性、智能化的指向全面发展的综合评价。课堂中采用"班级优化大师"的评价功能对注意力集中的同学给予加分奖励，引导全班同学认真听讲；对坐姿不端正、听讲习惯不好的同学适时减分，做出及时提醒和惩戒，为班级形成好学风指引方向。课堂中学生交流展示课外收集材料时，为学生在"课外积累"项中加分，让学生知道课前的收集是有价值的。学生在校表现利用互联网平台被记录下来，经过数据分析，家长通过相应软件随时了解孩子的表现。同时设置点评模板，从人工评价转向智能化评价，综合全面评定学生核心素养、学科能力、心理素质等，全维度记录学生日常表现，并可在家终端生成学生潜力数据。

数据分析本身就是"从实际中来，到实际中去"的典型代表，因此在整个教学过程中，应该抓住时机不时培养"解决实际问题能力"，以往期末"一张卷"的考核模式偏离了数据分析的本质。而课程考核是教学活动的重要环节，是引导学生发展的有效教育手段。因而要根据"数据分析"课程的特点与教学大纲的要求，科学、合理地设置课程考核体系，使其有效地反馈教师的教学活动与学生的学习活动的成效。我们采用平时成绩占30%，期末卷面成绩占70%的方式对该学期学生的表现打分，这样既公平公正，又淡化了"一张卷"的考试模式。

综上所述，"数据分析"教学模式既要突出理论与方法的讲解，又要重视培养学生发现问题、解决问题的能力。实际生活中也往往需要对数据进行分析来解决问题，来认识问题，因此在小学课堂教学活动中，教师要充分发挥数据的作用，正确收集数据，作出合理分析与解释。利用不同的数据创设情境、提出探究问题、引导学生探究，形成新的科学认识，提高学生探究水平。

### （二）5G高速联通的教育

从之前的1G到4G，可以看出在教育领域无论是工具、场景、模式都发生了巨大的变化，人们无时无刻不在主动抑或被动地接受新鲜事物。5G，是第五代无线网络的简称，它与目前使用的4G相比，具有三个显著的特点，即高速率、低延迟、高容量。在5G技术下，人工智能将与物联网、大数据等技术互相融合发展，提供更加全面的数据采集和更加优化的算法模型，让人工智能模拟"人的思维方式"，更好地辅助学生学习、老师教学以及校园管理。

### 1. 5G促教研

学校自建校以来，办学形态多样化，促进教师成长与发展，实现优质教育资源的共享、各年级教师优势的互补、各学科教研的共建，力争每个孩子都能享有公平而有质量的教育，进而促进教育均衡，惠及更多的学生。

"学非探其花，要自拔其根"。学校充分利用线上教研，组建教学线上教研团队，构建"技术团队→教研团队→学科骨干→团队教师"的学科教学连线。以往各年级组之间采取统一定点到某一固定位置集中教研，由于各位教师位于学校不同点位之间距离远，为教师的教研增加了阻力；以往的线上教研也由于网络卡顿、声音延迟、画面模糊等原因，降低了教研效率和效果。5G技术的大带宽、超低时延与高可靠性、大规模连接保障了各年级之间密切沟通，打破了教研的空间限制和地点限制。

疫情期间，为确保特殊时期避免人员大量集中，为保障"沈阳云课"的优质资源最大化发挥作用，让师生有收获、有成长，学校制定了《学校关于延期开学期间线上教学和线上辅导实施方案》，规定学校所有任课教师、学科主任、负责教学工作的校级领导每天都要参与上午的"云课堂"听课和下午四十分钟的"云教研"活动，依托"线上教研"和"线上辅导"辅助学生"线上学习"效果，提高专业能力，指导学生进行有意义的、广义的学习，培养学生自主学习和自我管理能力。每天一次，11个学科，400余人参与的跨学科跨空间跨区域在线教研，5G移动通信技术下流畅的画面，高清的画质，超大的带宽，为教师们带来前所未有的顺畅体验。

2. 5G变课堂

学校持续深化教育教学理念，迎接互联网技术高速发展和广泛普及的巨大挑战，迎合学习方式变革的新契机。相对于传统学校教育，5G时代的到来，学生学习的空间和时间有了巨大的拓展延伸，学习不仅仅局限于教室、校园，也可以发生在校外、家庭和社会；不仅仅可以在物理空间学习，更可以在网络空间开展学习活动。在学校的创客教育实践基地，特色项目"木工创意"课上，同时在分校布置设备，开展基于项目式学习的建筑主题学习课程——搭房子，利用5G网络高带宽和低时延的传输特性，实现同步课堂，让两所学校互联互动，共享优质教育资源。同时引导学生以团队的形式，完整地经历"提出问题—设计并修改方案—协作探究—创作作品—展示交流—评价改进"。综合实践活动教师在创客实践基地"小叮当工坊"为坐在总校和分校教室里的学生讲解建筑相关知识，提供拓展资源并指导学生完成项目式主题设计单；学生根据教师指导，独立完成设计单填写，提出问题，对问题进行分析归纳讨论，通过三线异地对接的讨论方式，解决了传统网络教学信息延时网络卡顿的问题，多班授课多人在线也不受影响，满足课堂对网络低时延、大流量的诉求，完美呈现实时授课、实时教学。在搭建场地学生分小组合作完成作品，美术教师接替数学教师对学生作品的造型表现、设计应用进行实时在线远程指导，训练学生对线条、形象、结构在视觉上的敏锐性，培养学生对空间透视、比例、色彩的认识和表现能力。展示交流过程中，打破时空限制，学生拥有一个更加灵活便捷的空间，与不同班级的学生分享本组的作品，得益于5G低时延的特点，其他班级同学给予及时评价，在云端架起一座异地沟通的桥梁，通过同学之间的相互评价及时认识到自己的优缺点，促进学生更全面深入了解自己。在欣赏其他作品时以别人为样板看到自己的长处与不足，为下一步提高做好基准。

3. 远程互动，5G促共享

2019年11月，学校迎接教育部教师队伍建设调研，作为辽宁省首家5G和教育"双师课堂"输出点位，当天现场学校音乐组全体成员与朝阳建平县北二十家子镇九年一贯制学校进行了有关《小学音乐欣赏教学中的有效方法》远程互动教学，在整个课堂的教学过程中，互动教学平稳，画质清晰流畅，现场老师与学生互动活跃，5G的高速网络给学生带来更直接的学习体验，方便师生间互动学习。唐僧西天取经跋山涉水，历经九九八十一难，基于5G下的远程互动教学让薄弱学校学生的"取经之路"打破了时空的限制，读书学习变得更加便捷。两地音乐教师针对音乐欣赏中如何培养学生良好的听觉能力和记忆能力展开了热烈的讨论和教研。相较于传统的教学模式和线上互动课堂，本次开展的在线互动课堂教学是基于5G技术，服务课堂，聚焦学生，实现跨校实时直播课堂共享，使区域间薄弱学校的学生能够看到优秀教师的真实授课场景，能够实时与优秀教师在线交流获得指导，解决教育资源分布不均衡的问题，推进区域间学校协调发展，促进教师的专业成长，发挥学生的主体性。同时，远程互动课堂还可以通过直播的方式，让不能在线加入的其他学校进行实时观看学习，实现在线课堂、名师网络课堂的教学应用。学校电教主任就移动5G的大带宽、低时延带来的校际异地对接、远程视频教研、直播互动课堂作了详细的介绍，通过远程互动学校与二十家子学校每周进行管理者对话、教研者互动、名师双十课堂、学生才艺交流、集体备课、公开课评鉴等不同的远程活动，学校拉长优质教育资源链，主动发挥名校辐射作用的责任担当，帮助好结对子学校，逐步实现"实力一样强、资源一样优、学校一样好"的目标，实现优质教育资源共享，努力协助学校丰富校园文化建设，促进教育信息化发展，沈阳教育牵动兄弟市共进共同推动民族教育事业的健康发展。

4. 5G教育应用场景

作为"5G+智慧教育"的主战场，VR/AR与教育结合呈现的全新教学体验，可以极大提升学生学习兴趣及对知识的快速吸收，为师生提供互动化、个性化、沉浸式课堂教学体验。根据不同的学科，虚拟现实发挥着不同的作用，例如在科学学科，受限于学校现有条件，有些实验涉及有毒物质等无法让学生亲自体验，利用虚拟现实技术，可以有效解决实验条件与实验效果之间的矛盾。

科技在进步，时代在变迁，教育是面向未来的事业，如果我们用昨天的方式培养今天的新人，就可能让他们失去明天。历史长河中，人类经历过无数次技术引领的改变，但从来没有这么快速，这么激烈。所以，唯有我们高度知觉现实的可能性，才能在未来冲击的时候，安然一笑，从容以对。

**（三）走向人工智能的教育**

教育人工智能，即人工智能在教育中的应用（"AI+教育"），在教育信息化2.0环境下，学校致力探索打造"适合学生"的智能化校园，根据实际让人工智能与教育相融合，简洁便利的考勤签到、精确的学生行为分析、安全智能的校园管理，打造利用人工智能更好地服务于教育教学工作，提高教学质量的"AI+教育"。让管理层精简冗余的事务，提高办公效率；让教师根据人工智能分析结果，对学生进行因材施教、分层教学；让学生融入信息化社会，便捷地借还图书、掌握自身情况的学情分析；让家长更好地了解学生学业情况，家校合作，实时掌握学生动态。

1. 有"意识"的校园

精准分析，智能管理校园。校门口设立测温打卡仪，每一位入校人员在门口进行人脸识别后进入，录入数据库中。每一位学生胸口别着感应卡，进入班级后，班级门口电子班牌会显示班级人数，实时掌握考勤情况。上课前，教师提前候课通过电子班牌进行授课打卡。数据分析平台实时采集分析信息，管理者可实时观察班级授课情况。

AI助手，智能教学。每位教师配备一个智能小助手，帮助教师点名、收发试卷等，上课过程中，能够实时跟踪学生学习过程，记录、分析学生行为，了解学生个性化特点，根据学生特点生成学生行为报表，供教师制定针对性学习方案。下课后，学生可以从AI中分享到学习资源，引导学生主动参与到学习中，通过人机互动，激发学生学习积极性。在课后可以帮助教师整理、收集资料，辅助教学教研。

行为分析，智能德育校园。学校利用大数据分析系统，结合校园监控，采集进校人员行为信息。在监控全覆盖的校园中，通过动作行为分析，实时判断师生动作行为，为师生安全把关。

实时保障，智能总务。学校进行物联网管控，管理者通过后台进行全校灯光、门锁、空调等管控，清晰了解校园保障情况。在固定资产管理方面，对登记物品标签扫码入库，借取通过扫码，信息录入数据库中，资产使用留痕，提高后勤管理效率。

2. 智能校园

在未来的智能校园中，每位学生都会有一个"身份证"，它或为手环，或为植于身体的芯片。它会采集学生的实时动态信息，如学生的心率血氧、体温等各项身体机能参数，上课时的行为表现，汇集智能校园大数据分析系统，及时发现与反馈学生问题，有针对性地对学生进行教育教学，实现平等教育，因材施教。

未来的时代是人机协同的时代，伴随着云计算、大数据、5G、"互联网+"的不断延伸，我们应展望未来，合理运用"机器"，让新兴技术走进校园。把烦琐的、重复的事情交给机器，使人类精力与智慧解放出来，从事更多的创新类工作。通过技术的创新，未来的学校在人工智能的辅助下，快速优化教学模式，为每一位孩子提供更加公平更有质量的教育。"不忘本来、吸收外来、面向未来"，打造信息时代下的智能校园。

# 第二节　教学云平台诞生记

## 一、私"校"定制，我的平台我做主

文艺二校作为教育部首批教育信息化试点校和辽宁省教育信息化示范校，依托国家"三通两平台"和市区"智慧教育"系统，一直致力于探索信息技术与学校管理、教育教学、师生发展等方面的全方位深度融合，从信息化"建设"转向以"应用"为主。这也是教育部《教育信息化2.0行动计划》提出的具体要求。

学生的个性化学习离不开互联网、云计算、大数据分析等融入教育的技术。我们意识到谁掌握了新技术下的学习方式，谁就抢占了教育改革的先机，在新一轮发展中，我们果断地把研究目标指向云平台建设，满足学生个性化教育需求。

**（一）自主研发，建好专属"教学云平台"**

1. 前期探索现困惑

学校云平台建设前期，曾使用过一些企业研发的平台，发现绝大部分平台都存在易用性、研发与应用脱节、应用效率低，效果差的情况。而且企业大多都实行一次性支持服务，不能及时解决新增需求，与学校相伴成长。而如果学校自己研发平台，却面临没有专业技术人才团队，难以实现预定目标的问题，同时由于不能进行市场运作，无法保障持续投入。

究其原因，一是没有制度和经费保障，教师们积极性不高；二是技术原因导致的不实用，严重影响课堂教学效果。

2. 借势而为求突破

面临着技术的欠缺、资金的压力、教师的困惑、家长的质疑等一系列问题，我们没有回避，没有止步不前，而是借势而为，积极谋求与创新机构的全方位合作，力求突破，实现共赢，共同开发平台的策略，打造适合本校的专有教育云平台。对于任何一所学校来说，数字化校园建设都需要投入大量的人力与财力。

目前的情况是：教师对自身业务理解较为深刻，但在开发技术上是个盲区；即便有相对专业的教师，但要从事相关的教学及管理工作，不可能将全部精力都用在项目开发上；系统的应用培训、后续服务及技术支持是一项长期性的工作，专业教师的双重身份长期从事这项工作，显然不太现实；社会上进行教育产业的公司对独立开发有优势，但对一线的需求又不甚了解。

基于这样的现状，自2012年开始，学校根据一线教师实际需求，组织骨干力量，借助企业技术，开始自主建设专属的"文艺二校教学云平台"，并取得突破性进展。

3. 合作研发促共赢

我们的做法是：学校数字化系统的整体开发与实施委托专业公司来完成，学校由业务骨干组成一支团队，在开发初期提供一线资料与需求，及时反馈想法，通过不断地尝试与磨合发现并提出问题；专业公司派驻专业技术人员依据学校需要，有针对性地提供服务。

在具体的工作过程中，专业公司负责为学校培养出一支高素质的技术队伍，这样就很好地解决了学校后期系统的建设与实施问题。同时在系统开发过程中，专业公司可以很方便地将其他学校的先进管理思想及经验融入到学校系统建设中。

这种合作方式不但可以有效地解决教育建设资金投入不足、持续性服务无法得到保障等问题，而且还可以充分借鉴其他知名学校的先进管理思想及经验。

从学习到实践，学习的绝大多数目的最终落脚于实践。因而在努力谋求学生个性化学习的过程中更要尝试开拓个性化的实践之路，学校采用以学校为主导、校企合作的模式，搭建学校专属云平台，找到一座搭建个性化学习实践需求和服务之间的桥梁。

在学校的主导下，专业公司先行开发了备课的应用软件，然后是课堂教学、答疑、作业、家校互通等一系列功能的逐步实现，云平台的1.0版本正式出台。每一个功能出来之后，学校都会根据自己的实际使用情况，不断地反馈，再由专业公司整改，直到完全符合教师的实际应用习惯，满足教师的需求。

### （二）磨合发展，碰撞出智慧火花

学校积极开展面向学生、基于网络环境的教育模式研究和教学改革实验，为避免盲目性探索，成立了由校长牵头，名师、骨干为主要成员的"一对一云课堂"实验小组，探索自主探究学习、"一对一"数字化学习、小组合作项目学习等新型学习模式的方法和规律。通过"智慧教室"项目，尝试推动教育信息化与教学的深度融合。实验队伍规模逐年有序扩容，以点连线，以线成面，历经了项目推进初始期的搭建环境、开展研训、制定方案、建立机制保障；磨合期的校内外两支团队的相互磨合，智慧碰撞；顺利步入提高期，平台逐步升级，实验稳步推进。

### （三）深度研发，从1.0至4.0的变迁

"学校教育"和"技术领域"的合作，使初期教育建设资金投入不足、持续性服务无法得到保障等问题得以有效解决，学校强大的教师资源不断让产品升级和完善，在技术创新过程中教师群体也得以不断转变新观念，达成新一轮专业成长。这种借助外力、强强联合、优势互补的跨领域项目合作方式，为平台的深度研发和不断完善提供了支撑以及源源不断的动力。

### 1. 优化平台功能，升级2.0

为了防止平台研发与应用脱节，从一线教师的实际需求出发，前期进行了深度调研，确定开发实施思路。以平台的1.0初始版本为基础，历经三次修改，在课堂教学、网上作业、网络答疑、家校沟通等方面不断完善，修改了结构框架、呈现方式，增加了生生交互、分类统计、小组合作、作业报表等实用功能，系统地解决了在各类课型中师生、生生以及家校互动的可操作性。此外，平台还增加了学生自学模块及教师备课共享

环节。

| 功能更新 | 备课 | 课堂教学 | 答疑 | 作业 | 家校互通 |
|---|---|---|---|---|---|
| 第一次修改 | 添加自有资源 | 界面活泼，重设工具条和按钮 | 呈现方式 | 分层作业<br>小组作业 | 新闻资讯 |
| 第二次修改 | 资源同步填充到个人资源库 | 答案对比<br>实时监控学生屏幕<br>趣味抢答<br>随机抽取<br>表扬奖励 | 查看其他同学提问、解答 | 即时练习<br>打分<br>互相批作业 | 沟通工具 |
| 第三次修改 | 备课共享 | 生生交互 | 师生互动 | 手写批注 | 作业报表 |

2. 充盈平台资源，进级3.0

在项目推进过程中，我们认识到平台功能的最大化实现一方面依赖于技术，另一方面更需要资源的累积，为此我们两方面工作同时启动。平台经过再次修改升级，增加了学生自学模块及教师备课共享环节，完善了校本资源库，破解了各类资源无法系统整合的难题。

（1）资源整合，完善体系

学校链接了国家、省、市电教馆资源库，且整合、共享沈阳市、沈河区教育云平台的微课库，加上学校自行制作的与课程相配套的电子教材、教学课件、教学设计、图片、音像等资源，按学科、年级进行分类，建立了完备的资源库体系。

（2）梳理归纳，即时更新

学校发挥名师、骨干教师的引领作用，发动全校教师，结合现有教材，自行梳理、归纳各学科、各年段知识点，制作高质量、有自主版权的微课资源数百节，同时加入市、区已有微课资源，达到了全面覆盖教材。

随着应用的深入，参与人数的增加，微课资源随时更新，质量越来越精，形式越来越活，也像滚雪球一样越滚越多。为学生应用平台，课外自主学习提供了保障。

3. 深度数据分析，跃升4.0

为了解决数据分析报表反馈的局限性，不仅要对某项数据实时反馈，更重要的是实现完整的数据画像，针对学生个体进行深度解析，以便于因材施教。因此需要对学生的学习过程与行为数据继续进行挖掘、聚类和分析，便于教师开展真正意义上的个性化教学。

第三次云平台升级，实现了利用大数据技术持续对学生行为数据进行追踪，展现班级整体与个体的教学薄弱点认知地图，定位学生不同知识点的掌握情况，给予教师可视化的教学参考，通过人工智能大数据，对每个学生知识掌握情况一目了然，并根据数据分析设置分层作业、靶向作业等，实现学生的个性化精准学习。

借助大数据技术对学生的学习理解、实践应用、迁移创新等能力指标进行分析，便于教师了解不同学习者的学习特征和学习需求，从而制定以学习需求为导向的教学目标，进而设计有梯度的学习任务。

通过在线作业批改，完成线上教学工作并查看数据分析报告并对学生学习情况及时跟进，为每名学生提供相适应的学习指导与个性化学习资源。通过平台大数据分析，每位学生能够生成自己专属的错题本和学习情况分析表，满足学生各自练习知识易错点和薄弱点，避免同质化的无效练习。

基于大数据报告，实现规模化教学与个性化培养相结合，教师不仅可以通过数据分析应对共性学习需求，还可以利用数据满足学生的个性化需求，形成包容、平衡的教学服务。

学校的"专属云平台"为教师提供了相互学习、共同切磋、携手提高的最佳场所；让学生的学习变得更加开放和富有个性化，通过线上、线下的自主学习，在立体的学习空间和时间里，课堂的边界渐渐模糊，取而代之的是为了兴趣而真正地学习。一种充满现代感的、友好的、平等的教与学氛围已在学校形成，为云平台的下一步推广应用做好了铺垫。

## 二、"一云三端六模块"，构建完整教学闭环

我国基础教育日益重视跟踪学习过程，越来越多的学校开始采集与学习活动相关的数据，以更好地了解学生理解学习材料的过程，进而利用这些数据实时调整教学内容和教学方法，将老师解放出来，从而有更多时间来引领学生进行深度课堂讨论及动手操作。 可以说，教学过程逐步被学习过程取代，教育供给侧驱动调整为学习需求侧驱动，教育供给侧改革以学习者为中心。因此，以智慧教室环境支持的教学为主的活动形式将逐步调整为基于智慧环境为主要特征的学习活动形式。

学校将云技术引入教学，以大数据采集与分析为基础，以电子书包等硬件为载体，集教学辅助、质量监控、个性化提升于一体，把信息技术融入课前、课中、课后三个环节和学校、家庭两个场景，初步实现了信息技术与学科教学的高效整合，并从减负和增效两个方面入手，应用于预习、上课、作业、辅导、评测、协同教育、教学管理等各个环节，优化和变革教与学方式，满足学生的个性化教育需求。

### （一）云平台功能简介

学校教育云平台是根据一线教师实际需求研发的融入教学各环节，集

教学辅助、教育评价、质量监控、个性化提升于一体的，让大数据为教学服务的基于计算机云技术的基础教育信息化综合服务平台。它以大数据采集与分析系统为基础，以互联网和移动互联网为通道，依托基础云和区域私有云服务平台，充分发挥网络课堂与现实课堂融合的优势，把信息技术融入课前、课中、课后三个环节和学校、家庭两个场景，初步实现了信息技术与学科教学的高效整合，并从减负和增效两个方面入手，应用于预习、上课、作业、辅导、评测、协同教育、教学管理等各个环节，通过教师共同体构筑（教研科研）、家校共同体构筑、师生共同体构筑、学校管理与评估现代化等一系列操作实施，从减负和增效两个方面入手，优化和变革教与学方式；充分挖掘大数据价值，满足学生的个性化教育需求；落实素质教育和创新人才培养战略，提高教育教学质量、促进教育均衡发展、最终实现因材施教。

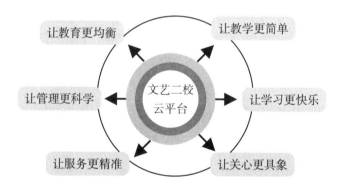

云平台全面支撑无线课堂平板互动教学与学生自主学习，贯穿预习、上课、作业、辅导、评测等各个学习环节，覆盖课前、课中、课后各类学习环境，轻松构建立体化、网络化、便携式"移动智慧课堂"，为改变教学模式、推动教育改革提供切实可行的解决策略。

云平台分为课程管理、互动课堂、作业批改、统计分析、班级管理、家长平台六大功能模块；分为教师端、学生端和家长端三个部分。教师端包括备课管理、作业批改、在线答疑、在线组卷、数据统计、我的课堂、资源中心和班级空间八个板块，采取网页呈现形式，教师基本无须培训，可以进行备课、批改作业、组卷考试、与学生互动、课上课下的数据统计、查看课堂记录以及资源的搜索，易用性极强。学生端可以通过教师上传资料，进行考试、作业的完成，查看课堂记录，与教师远程交流。云平台让学习变得更加开放和富有个性化，在立体的学习空间和时间里，课堂的边界渐渐模糊，取而代之的是为了兴趣而真正地学习。而在家长端，我们为家长提供专业的家庭教育资讯和服务，让家长可以了解孩子在校情况，实现便捷的家校沟通，从而提升家庭教育理念、方法和水平；为实现家校协同教育提供便利，共同促进孩子的健康成长。

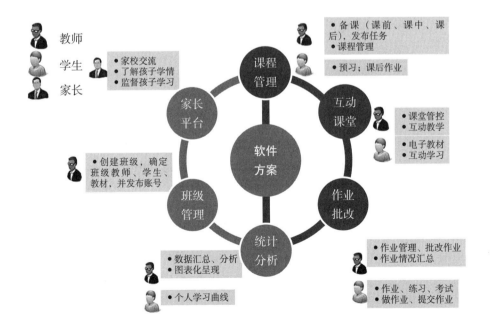

### （二）云平台的特点

通过教育云平台的应用，学校教育逐步向以学生为中心的教学方式转变，真正建立"教师主导，学生主体"的教学模式，实现课堂教学从讲授式向研究探索式、合作学习式、自主学习式转变，从而实现新课标要求的"教学内容呈现方式""教师的教学方式""学生的学习方式"和"师生互动方式"的转变。

平台具备以下特点：

①产学研用结合，让技术与日常教学无缝对接；

②覆盖教与学全流程，提升产品的易用性，全方位减轻师生负担；

③与教学过程深度融合，从减负和增效入手，减少师生重复性、机械性工作量，提升教与学效率和效果；

④以教学数据的采集分析为基础，依托大数据提升教学的针对性，支撑学习的个性化，量化教学与管理；

⑤模块化设计，既能服务现有教学模式，又能支持教学模式的变革，方便师生探索不同的应用模式；

⑥依托互联网与移动互联网技术，打造跨终端、跨平台无障碍沟通，方便老师、家长和学生随时沟通、了解学情，实现协同教育。

### （三）云平台的结构

云平台分为课程管理、互动课堂、作业批改、统计分析、班级管理、家长平台六大功能模块；分为教师端、学生端和家长端三个部分。

#### 1. 教师端

教师端包括备课管理、作业批改、在线答疑、在线组卷、数据统计、我的课堂、资源中心和班级空间八个板块，采取网页呈现形式，教师基本

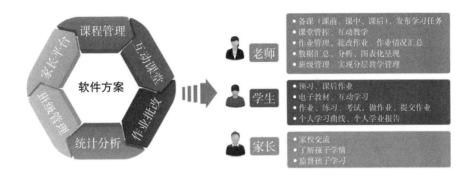

无须培训，可以进行备课、批改作业、组卷考试、与学生互动、课上课下的数据统计、查看课堂记录以及资源的搜索，易用性极强。

"工欲善其事，必先利其器。"对于教学活动来说，备课是教学的起点和技术，学校云平台备课管理解决教师备课方式单一、备课效率低、可参考资源有限以及年轻教师缺少备课经验等问题。通过云平台整合了同步教学资源，不仅使教师在备课过程中可以方便地获取丰富的优秀备课资源，而且通过信息共享，可以使年轻教师同步获取到经验丰富的老

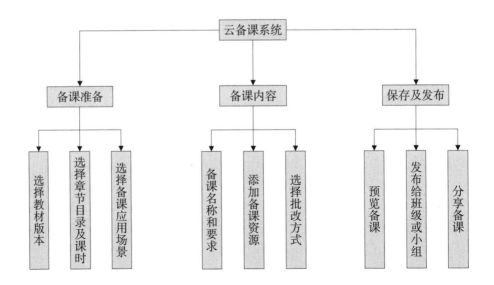

教师的备课内容，而备课内容可以通过云平台永久保存，这为教师减少了备课时间，提高了备课质量，最终帮助教师提高了备课效率和备课水平。

课堂教学用户终端分为教师端和学生端两部分，系统提供便捷的课堂教学及互动手段，记录学生学习过程数据，智能分析学生学习状况。基于云平台的课堂教学环节，教师在课堂上可根据需要随时利用"备课资源"中的资源和教师机本地的资源与学生进行互动教学。教师可以进行内容的展示、下发，组织学生学习学案、组织课堂讨论、进行课堂测试、推送和演示学习资源；学生参与课堂互动，学习教师的演示内容，完成课上老师下发的任务并提交学习结果。老师将试题发送给学生，学生端接收到内容后会自动打开，由学生进行作答。学生可以采用文本输入、手写输入、录音、录像等多种手段。教师可查看学生答题进度，提交人数，对未收到题目的学生可以重新发送，并可以按照练习进度结束答题。

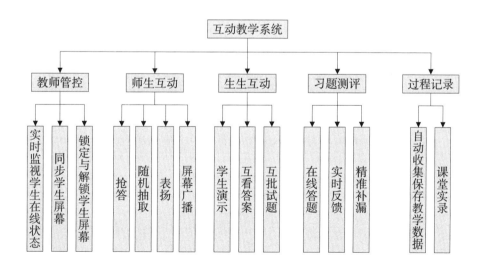

课堂练习结束后，客观题系统自动批改，并生成统计图表；统计分析图表中包括学生的正确率、每道题的正确率、全班平均正确率等数据；教师可以根据这些数据，进行针对性的讲评；主观题自动汇总，即时反馈。老师可以选择学生的作业进行分屏对比讲评，也可将学生的答案投影到大屏幕由学生自己讲解。

作业系统支持教师根据教学实际要求，把相应的作业放置给学生，学生作答完毕后，试题下方将呈现每道试题的答案或解析，便于学生及时修正答错题目；依托大数据采集分析系统的梳理，老师可监控全体学生每道题目的完成情况，系统自动批改客观题并将统计结果呈现给老师，通过对学生的作答情况分析，特别是薄弱环节的分析，老师可进行有针对性的讲解，并反思自己的教学方式方法。

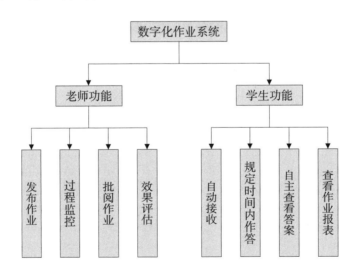

在线答疑提供了一个师生之间、生生之间释疑解惑的通道，支持非实时的教师辅导答疑以及学生间的互动答疑。用户可对平台中的提问以及解答信息按照时间、年级、学科、解决情况进行筛选，并浏览提问的最新信

息（包括问题内容、回答、回答评价等）。

提问和回答问题支持多种方式：可采用文本、图片、音视频等方式组织提问内容（取决于使用的终端应用形式），老师对满意的回答可以设置为最佳答案。

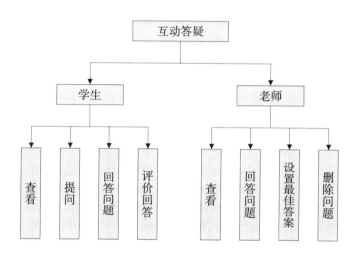

在线组卷是一个旨在提高教学和考试出题效率、减轻老师出卷负担的智能试题库系统，既能实现较高程度的智能化出卷，又能结合教师个人的出题经验手工设置进行出卷。老师可以通过系统内提供的海量学科试题资源库轻松、快速地组合出针对不同测评目的的试卷，以满足各类考试及测评要求；系统开放式的数据库支持教师把自己收集的试题、试卷随时输入到试题库中，使老师们越用越得心应手；系统的权限管理及数据备份功能可确保数据的安全性。

教学、作业、练习、测评，无论是课后还是课上，所有的教学过程都会形成相关的数据，以这些数据为基础，形成一系列适合教学、学习的报表。辅助学生学习、指导教师教学，帮助学校科学管理。

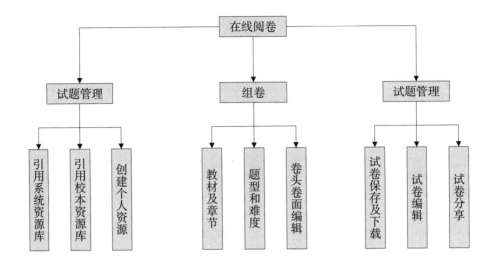

通过平台进行上课，每一节课都会形成课堂实录（上课录像），这些录像是按照重要的知识点来区分的，换句话说，每堂课下来，系统都会自动形成一系列微课程，这些微课程以知识点区分，供学生在复习或遗忘时查看。支持灵活的微课录制方式，老师可在上课的同时录制，也可在课下录制，由此制作的微课是支持翻转课堂的重要素材。

平台提供了大量的优质资源，给教师进行参考使用。资源按照不同的年级段以及不同的教材版本，根据课本不同章节呈现出来，分为我的资源、校本资源、系统资源。

"我的资源"是教师的个人资源库，老师将已有的资源上传到云端，利用系统录制的微课和课堂实录都会自动进入我的资源库。本校教师上传的资源和微课，会自动形成学校的"校本资源"库，方便学校教学成果的固化与传承。

"系统资源"是系统为广大教师准备了海量的资源，便于教师在日常测验时有比较充分的选择。题库中的大多数题都清晰地标注出试题分析、试题答案、对应知识点等维度。根据学校的实际情况，使用主流教材版本相对应的超百万道试题，支持基于知识点和基于全文的检索和快速定位，方便老师作为参考题库应用于日常教学。同时试题适时更新，保证试题和当前的教学政策、方向等宏观环境相对应，最大限度地为教师提供充足的"弹药"。

2. 学生端

学生端可以通过教师上传资料，进行考试、作业的完成，查看课堂记录，与教师远程交流。云平台让学习变得更加开放和富有个性化，在立体的学习空间和时间里，课堂的边界渐渐模糊，取而代之的是为了兴趣而真正地学习。

老师布置的作业自动推送到我的作业板块，学生在此完成。我的作业以学科分类，每个学科下的作业又分为未完成、已完成、已批阅和全部四类及每个类型下所有作业的数量。每个类型下的作业以发布时间的倒序排

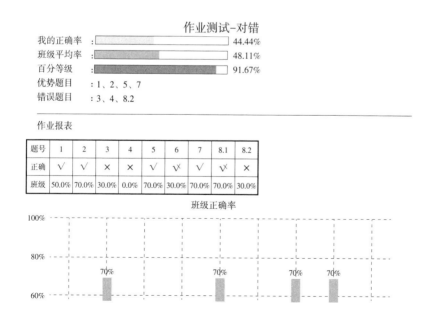

列，即新发布的作业在前；每次作业的显示信息有作业名称、作业类型（课前预习或课后作业）、距要求完成的时间。作业根据不同的科目进行排列，支持在线缓存，离线作答。

以数据分析为基础形成学习轨迹，以学生的每次作业、每次课堂的成绩为点，以时间为轴串联，形成学生在一段时间内的学习轨迹折线图，辅以班级平均线做对比。

3. 家长端

而在家长端，我们为家长提供专业的家庭教育资讯和服务，教育云平台自动向家长端发布孩子的新作业、作业批改完成及结果消息，学校老师可自主发布班级公告、班级活动安排等消息；家长除了可以及时了解孩子的作业任务及完成情况外，从学校最新动态、课余活动的安排，到班级的各类评优结果的发布、学校班级的各类通知，在这里都可以及时获得准确的信息。家长可以了解孩子在校情况，实现便捷的家校沟通，从而提升家庭教育理念、方法和水平，为实现家校协同教育提供便利，共同促进孩子的健康成长。

通过家长端能让家长更快、更全面、更准确地了解孩子的学习情况，不论是日常的作业、课堂表现，还是阶段性的学习月报，系统都会自动生成报表，并把相关信息自动推送到家长端。

日常学习报告推送内容包括孩子每次作业的正确率、班级平均正确率及成绩在班级所处的位置，该次作业的优势题目和错误题目等信息；教育云平台记录学生全过程的学习数据，大数据分析系统以月为单位对每个学生学习数据进行分析对比，输出简洁直观的数据报表，并以学习月报的形式自动推送给学生家长。

　　家校协同教育的前提是家长与学校、老师能及时、有效地沟通，家长端的留言簿为家长和学校搭建了家校联络平台，这种交流方式突破了时空限制，有效利用信息网络资源，保证家校互通、互补、互促，从而促进学生健康成长。家长端直接点击消息，即可进入与对应老师的对话界面，支持文字、语音、图片等形式的信息。

　　对于家长来说，通过全部或几次考试成绩的横向和纵向对比，可以分析学生在某一段时期的"成长足迹"，方便了解子女的学习情况及其变化，以实现协同教育。与此同时，家长们由于对教育、对孩子学习具体情况的不了解，"病急乱投医"，花大量的时间和金钱无针对性地对孩子进行课外辅导，不仅花费大量精力和财力，而且对孩子学习效率的提升帮助不大。而有了孩子的学校数据后，家长可以有针对性地帮助孩子进行不足知识点的补习，使过程更具价值。

　　实施"未来课堂"项目以来，学校充分发挥网络与现实课堂融合的优势，通过教师共同体构筑（教研科研）、家校共同体构筑、师生共同体构筑、学校管理与评估现代化等一系列操作实施，真正实现了师生智慧的共生互长，也为学校落实素质教育和创新人才培养战略，提高教育教学质量，促进教育均衡发展，最终实现因材施教打下了良好的基础。

　　我们的平台建设还在继续迭代、完善，因为技术不断发展，平台建设也不可能一蹴而就，我们的驱动资源，我们的数据积累，我们的应用效率，仍然在追求最大化的路上，但是创造思维、体验思维、大数据思维、与教与学规律高度贴合的思维，已经深刻渗透在文艺二校每位教育管理者的头脑中。

第二章

# 个性化学习探索与实践

"基于新技术的小学个性化学习"的内涵是：将信息技术与教育教学进行深度融合，依托学校自主研发的教学云平台，构建网络化、数字化、智能化一体的创新型教学体系，促进和实现学生的个性化学习与成长。

具体地说，就是结合学校自身教学的实际需要，前瞻性设计、开发、完善以新技术为基础、具有鲜明学校特色的智能教育平台，通过以本土性、实用性、持续性为特点的平台开发、应用、改进、升级来进一步提高师生信息化应用水平和信息素养，实现转变传统教学模式，推动学校教学改革从融合应用走向创新发展。

通过优质资源共享和教师精准教学、因材施教，创建一个更加开放、更加适合、更加人本、更加高效的生态化"学习场"，通过学习型形态的成功转型，使学生的创新潜能与个性得以充分地挖掘和发展。

本章将从资源、数据、平台、应用所营造的立体化学习生态，展示文艺二校个性化学习体系的探索与实践之路。

# 第一节　充实资源　让课程"动"起来

　　为了满足学生自主学习的需要，给学生提供图文、音像并茂的学习资源，平台资源中心链接了国家、省、市电教馆资源库，整合、共享市区教育云平台的微课库，还植入大量精品阅读。

　　学校还建立了统一的数字化教学资源制作标准，简化了制作、上传、下载、在线观看等流程，在完善了校本资源库的同时，破解了各类资源无法系统整合的难题。

　　考虑到实际教学中，从海量资源中选取适合的学习资源费时费力的问题，学校利用名师、骨干的引领作用，带动全校教师梳理、归纳了与课程、学科、年级、教材相匹配的校本资源，制作了数百节高质量、自主版权的微课，达到全学科覆盖。学生可以根据年级、学科、学习主题，结合自身学习情况在"我的预习"模块选取课前预习资源，包括文字介绍、图片、相关音视频和微课等；课上学习资源主要集中在"资源中心"，一般由教师根据课程需要随机选取；"在线测评"里含有各学科的题库，课后学生可以将其内容作为巩固资源利用。

## 一、校园中的数字资源

　　教学的现代化，主要反映在两个方面：一是教学手段的现代化，二是教学内容的迅速更新和日益丰富。建设数字化校园是在"互联网+"时代学校发展的必然趋势。而数字化校园的资源建设是数字化校园建设的核心任务，校园中的数字化资源包括基础性资源、个性化资源、校本资源三部分。

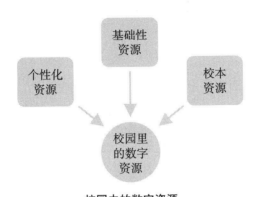

校园内的数字资源

## （一）立足基础，本固枝荣

什么是基础性数字教育资源？在义务教育阶段，是指在教育信息化环境下实现课程标准要求、满足师生基本教学活动的基础性核心教学资源。[①]按服务对象分可概括为教的资源与学的资源。

1. 教的资源

不同教学环节的数字资源的使用

---

① 王志刚. 优质数字教育资源：学与教变革的基础 [J]. 中国电化教育，2014（11）：8.

国家教育资源公共服务平台的使用为新时代的教学注入了新鲜血液。其中的教育资源分为：教学素材、教学课件、网络课程、虚拟仿真系统、教育游戏、教学案例、数字图书、数字教材、教学工具和学习网站等十类。①

教学素材是指服务于教学活动的，在教学过程中所使用的文本、图形、图像、动画、视频、音频等多媒体材料，恰当的使用会使教学产生事半功倍的效果。当"语言、图像、声音"通过信息化手段巧妙融合时，课堂也更加丰富、灵动了。

教学课件是根据教学大纲的要求和教学的需要，经过严格的教学设计，以多种媒体的表现方式和超文本结构制作而成的课程软件。

教学案例是指记录教育教学过程中发生的教学活动及典型意义事例的资源，可用于教师总结教学经验，开展教研，促进教学水平提高。云平台中一个个鲜活的教学案例，有助于帮助经验不足的年轻教师打破经验不足的壁垒，通过观摩、思考、学习，迅速成长起来。

教学工具是教学活动顺利开展的有效支撑，而数字化资源为学科教学提供丰富的教学工具。利用电子白板随时可以带领学生去诗词的海洋中徜徉；繁重的教具不见了，数学课堂上老师可以随时根据教学需要调出直尺、三角板。数字化资源在教学工具上的变革解放了双手，丰富了课堂。

试卷库是各个学科有典型意义的试卷集合，是资源融合再生的体现。教师可以利用平台中的试卷引导学生"对症下药"。

---

① 关于开展优质数字教育资源集中展示活动的通知 [DB/OL]. http://www.moe.gov.cn/publicfiles/business/htmlfiles/moe/s8200/201407/171204.html，2014-07-10.

2. 学的资源

（1）课内资源

教育信息化所带来的学生学习方式的变化，使得学生真正成为学习的主人。丰富的学习资源为学生的学习带来了便利，也拓宽了选择。利用智慧校园的平台，积极创建学生学习资源，满足学生正式的课程学习需要。

（2）课外资源

在教育信息化时代，教师与书本不再是学生获取知识的唯一来源，取而代之的是学生可以通过各种信息化手段获取丰富多样的教育资源，可以根据个人的知识水平和兴趣爱好跳跃式地学习，甚至可以灵活地选择学习时间。在进行课外资源学习时，学生可以利用平台广泛查找合适的学习资源。并在此过程中进行学习、思考、总结，形成新的生成性资源。

**（二）凸显个性，枝繁叶茂**

数字化校园的建设，一要紧跟信息化发展的最新趋势，二要创新开发特色资源，凸显个性特征，培育教育之木日益繁茂。

1. 识"微"见远

微课引领了移动互联网大规模学习服务的新时代，让随时随地的学习成为了可能。[1]教育部全国教师网络培训中心发布的《关于举办首届全国高校微课大赛的通知》中对微课的定义为："微课"是指以视频为主要载体，记录教师围绕某个知识点或教学环节所开展的简短、完整的教学活动。[2]微课作为一种具备视听结合效果的教学资源，科学的利用有助于提

---

[1] 宋琳琳，李海涛. 大型文献数字化项目的信息资源整合研究 [J]. 图书情报知识，2014（4）：94—105.

[2] 罗黎霞，龚追飞. 项目模块化教学在网站建设与维护课程中的应用 [J]. 教育与职业，2012（29）：156—157.

高教学效率，优化教学效果。

学校以云平台为基础，鼓励教师进行微课制作，辅助教学。这一过程不仅能够不断丰富学校的微课资源，也能促使教师互相切磋，共同进步。疫情当前，为切实解决学生线上学习"吃不饱"和"吃不了"的问题，学校语文教研组的老师们以"沈阳云课"为导向，以"尊重差异，因生施教"为原则，设计并制作了相关微课，使学生学习有方向，家长辅导有重点。

2. 继"网"开来

传统的教育以学校教育为主要途径，以班级授课制为主要的教学组织形式。随着信息技术在教育领域的应用不断深入，打破了时空界限的网课应运而生。依托现代信息技术，教师可以利用互联网随时随地对学生进行授课、指导、答疑和反馈，同时，教师也能针对学生的个体差异有的放矢地开展个性化辅导，使得教学更加有针对性，优化教学效果。

一方面，教师和学生可以登录学校云平台搜索相关网课进行学习，取长补短，助力发展。另一方面，教师结合学生实际进行网课的直播，有的放矢地解决教学重难点，同时，丰富了平台资源，方便学生反复查看。

**（三）以校为本，欣欣向荣**

校本，意为"以学校为本、以学校为基础"，有三方面的含义：为了学校、在学校中、基于学校。①所谓"校本资源"，即为了满足本校教师教育、教学的实际需要，而设计开发的数字化教学支撑资料或教学系统。②

---

① 江丽丽. 校本数字资源的建设与应用研究——以教育资源数字化为例 [J]. 电脑迷，2018（11）：215.

② 高铁刚，朱建. 校本资源建设研究 [J]. 中国教育信息化，2007，（13）：59—61.

校本数字资源库的开发应立足于学校的课程，做到资源与课程紧密结合。

在"互联网+"的深度影响之下，学校采用校企合作的方式，根据实际需求共同研发了一款综合性的教育云平台。由八大功能模块和教师端、学生端、家长端三个部分组成。

云书包是学校利用教育云平台进行资源整合的实践。在电子书包的基础上不仅把书包里的教学资源放于云端平台上，而且增加了老师的备课、布置及批改作业、组卷等功能；家长端的作业检查、推送测试、签名、学生安全关注及家校沟通等功能，能够实现自主学习、多元互动和科学管理，帮助教师优化教学，促进学生个性发展，便于家长了解监督。

同时，在教学中也可以充分利用现代技术，引入人工智能，加强教学互动，提高学习热情，优化教学效果。比如，利用人工智能播放朗朗上口的名家名篇，让清晨踏入校园的幼苗们便可在琅琅书声中开启一天的学习生活。

丰富的校园数字资源是进行信息化教学的支撑，我们要善于开发、善于利用、善于积累。

## 二、拯救学生沉重的书包

### （一）负重于肩的传统书包

小学生书包太重是个沉重的老话题。据了解，一项针对国内学生书包重量的相关调查显示，小学生的书包重量平均达3.5公斤。有研究表明，如果学生有骨质疏松的话，一旦书包重量超过体重的10%，就很容易引起学生脊柱侧弯。为了孩子身体健康，拯救学生沉重的书包迫在眉睫。

文艺二校在教育云平台的系统建构中也考虑到学生书包问题。在平台建设中我们就以拯救学生沉重书包为己任，经过不断更新，最终让传统书包变成电子书包后发展到云书包。这一系列的演变让学生的书包发生了革命性的变化。

### （二）掌中点击的电子书包

基于目前倡导对学生减负，先从书包减重开始。文艺二校的电子书包在校一线教师的研讨下产生雏形，在技术人员的配合下应运而生。文艺二校电子书包的重量可以控制在1000克以内，极大地减轻了学生书包的重量，非常便于携带。

电子书包的产生颠覆了书包只有收纳这个单一功能。文艺二校在系统中将学生书包里的教材、作业本、课内外读物、字典等全部数字化后，整合在一个轻便的移动终端中，把学生学习所需资料等也全部囊括其中，使其内容丰富，灵活生动。文艺二校电子书包中的电子书不只是纸质教材的数字化，除阅读、批注、加着重等功能外，还可以用声音、视频、动画等多媒体形式创设生动、形象的教学情境，表现形式比传统书籍更加丰富。我们还将若干电子书按照科学的结构，整合而成教学资源包，包含学生学习需要的教材、教辅、工具书等，有针对性、能及时反馈指导、可自主生成海量练习，能进行问题积累、错题收集、资源及时更新的学习工具。电子书包还可通过移动存储设备保存，学生们不仅拥有一个新型书包，更是拥有一座图书馆。

学校平台的构建不仅拯救了学生们的书包，同时为学生们打开了认识世界的另一扇门。海量的信息资源，多样的内容展现形式，营造快乐的成长氛围。但电子书包需要打开有植入的设备才可以应用，这就很有局限性，数字化的资料也需要足够内存来保证。能不能真正做到随心所欲地学习，不受内存设备限制呢？经过团队的不懈努力，书包革命性产物优化的电子书包应运而生——云书包。

### （三）云端互动的云书包

云书包是文艺二校架设教育云平台通过移动互联网、物联网、云计算、人工智能、大数据教育平台搭建模式，把云存储的技术和方法运用到教育资源整合的建设中，节约教育资源，同时更海量的数据存储可以得到有效的利用。

在电子书包的基础上不仅把书包里的教学资源放于云端平台上，而且增加了老师的备课、布置作业、组卷、批改作业功能。家长可以实现检查作业、推送测试、签名、小孩定位安全关注及跟老师的沟通，掌握学情，发现学习中的问题等功能。

云书包不仅是孩子的书包，更是老师的备课包、家长的查看包。文艺二校云书包建设中把用户端分为教师端、学生端、家长端三个部分。教师端可以使用电脑，也可以使用 windows 系统的平板电脑（更为方便），学生端使用安卓平板电脑，家长端使用智能手机。真正做到云端漫步，轻松高效学习。

1. 云端教学轻松共享创智慧课堂

教师端：可进行备课管理、批改作业、互动教学、组卷考试、课上课下的数据统计、查看课堂记录以及资源管理。

云书包让老师真正实现教学减负，提高教学效率质量。老师与学生、家长实现在线互动交流，师师之间优质资源共建共享，备课、上课、批作业更加高效便捷。例如云书包提供丰富优秀的教学资源。教师根据需要安排使用教学资源库中的素材，拓展了教学资源的来源，有些课件可以直接点击播放。教学资源库中还存有大量优秀的多媒体教案，这样有利于教育资源共享。云书包以及由此构建的新型教学模式，将缩小教师之间的差异性，实现教育公平。数字化教学服务平台建设完善后，使用云书包在一定程度上减少教师制作教案的工作量和难度。

2. 云端海量资源助学习变被动为主动

学生端：可进行预习、复习，完成作业，参与课堂互动，及时进行课堂回顾，并根据错题情况进行查漏补缺，互动答疑，师生、生生交流等。

云书包让学生学习越来越轻松。例如系统自动对试题打分，包括语文朗诵、英语口语练习，便于对语言朗诵提升。课本同步，知识点与教材完全同步，知识弱点及时反馈。还有趣味练习，趣味化的学习方式，提升学习主动性，寓教于乐，事半功倍。云书包打破了时间空间范畴，随时随地，只要有网络就可以在移动端APP应用做作业，让学习更自由。甚至还可以和地球上任何一个地区的学生交流学习心得。云书包还可以记录学生学习过程，学生可以及时对自己的学习过程进行调整。利用学生交流平台，学生之间也可以进行互评，增强学习效果。教师也可以根据学生的学习行为，进行一对一辅导，由于云书包的交互平台能够提供即时动态的学习行为数据反馈，老师可即时查看学生的练习结果。

3. 云端牵手家校合作互利共赢

家长端：便捷查看孩子的学业报告，及时了解学校公告、孩子的课堂及作业表现，与老师进行家校沟通。

云书包让家长摆脱"书童"命运，并参与学生学习成长之中。实现家校互通、协作教育，随时随地在线作业检查签名，家长可以更加了解孩子的在校表现及到校情况及管控小孩的学习计划、推送小孩弱项科目的测试题目给家长。

以上教师终端的操作和学生终端的操作，都会生成相关的教学、学习数据，进入平台的数据分析与教学评价系统，分析结果提供给学生、老师、家长和教育教学管理人员。还可以利用大数据和智能算法，分析学生在作业中反映出来的薄弱知识点，定向推送学习内容和测试题目。全部运用云端系统移动电子化，平台打破了传统的教育信息化边界，为老师、学生、家长打造一个集家校沟通、教学管理、学习、分享、交流、测评于一体，具有个性化、社会化、智能化、开放性特征的教育云平台。

目前文艺二校实验班的孩子已经不用带书包了，通过云书包应用，可以很好完成学习任务。猿人直立行走是人类向文明迈出的一大步，丢掉传统书包是现代教育技术化网络化迈出的一大步。我们丢掉实体书包把书包架构在云上，使学生、教师、家长、管理者只要在有电脑、能上网的地方，就能拿出"云书包"里的资源开展学习，包括同伴互动、师生互动、与专家互动等内化学习资源的方式，激发主体智慧创新。这样，不一定要背着实体"书包"到处跑，只要有终端，无论移动终端，还是在学校使用机房里的电脑，抑或在家里通过台式电脑、手提电脑、平板电脑、手机等上网，都能获得电子教材、辅助资料、学习工具等学习资源。尤其是在没有移动终端的地方，只要有台式电脑，能上网，一样可以享受"云服务"。在这样的前提下，终端不动但人可以动，只要有电脑，能上网，就能享受教育公共服务。

拯救学生沉重的书包，努力让千千万万的学生享有更好、更加高效的现代化智慧教育！"云书包"使用的最大意义，不是取代传统教学工具，而是改变既有的教学和学习模式。"云书包"突破了传统的以教师为中心的教学模式，学生不再仅仅是课堂教学的受体，同时也是课堂教学的主体，拓展了学生自主学习的空间，激发学生学习的主动性和创造性。"云书包"将使学习方式发生巨大变化，使课堂学习逐步过渡为不受时间、地点限制，随时、随地的自主学习，这正是当今社会所提倡的泛在学习和终身学习。

## 三、小软件，大智慧

APP是安装在智能手机、平板中的软件，对于数字时代的原住民来说并不陌生。丰富多样的APP为教学变革和学习变革提供了可能，也为"飞入寻常百姓家"提供了可能。在很多人的想法中，都觉得信息化建设是一项耗资巨大的"脸面工程"，只有舍得投入，才会看到效果。而文艺二校在信息化课程实施的过程中，对此却有不同的看法。在文艺二校的"一对一"课堂里，存在着这样一群小帮手：

### （一）网络寻宝——让藏在网络里的小软件照亮课堂

我们鼓励教师结合需求在网络上选择成品软件，功能强大、效果显著。教师们在尝试选用中不断形成这样的共识：现有的工具再好，你没有拿来用的意识也是枉然。

语文课上，教师经常利用"腾讯地图"APP和"印象笔记"APP带着孩子身临其境，感受自然的神奇，山河的壮丽；"成语小状元"APP用成语闯关的方式，从简单到复杂，在玩游戏的同时学会3000余个常用成语词汇；"快快查汉语字典"APP是一部支持拼音、部首、笔画、手写和拍摄识别方式的汉语书法字典，在课上可以很容易地查找词组、成语、反义词、近义词、读音及造句，成为语文课上离不开的好助手；"出口成章"

APP同步了新版语文教材，学生可以开心地识汉字、玩诗词、学成语、听历史，全面提升语文综合能力。

数学课的动手操作一直是老师们课上比较头疼的问题，长期以来不是老师做学生看，就是一群孩子做，老师囿于个性化指导。我们在数学课上，将"快乐数学"APP植入到平板中，每名学生不仅可以实现同时独立动手操作，教师还可以清晰地看到学生的操作过程。不仅如此，学生之间也可以互动操作，互相查看，相互指导，在解决算法多样化的时候，云平台的分组选择功能让众多答案一目了然，省时省力。

今天的英语课如果还是简单的"听说读写背"，那么我们可就out了。英语老师们收集了很多好玩的小软件，"伴鱼绘本"APP通过对国外原版绘本分组阅读的方式，对孩子进行英语教育启蒙；"纳米盒"APP可以指导孩子们边看图边读英语，标准的美式发音让孩子们瞬间变成"洋娃娃"；"英语流利说"APP帮助孩子们纠正错误发音，快速找出错误单词；"少儿趣配音"APP让孩子们为动画片、经典电影和英文歌曲配音，孩子们在"玩"得不亦乐乎的同时英语水平有了大幅度的提高。而且孩子们对"SHOU ME""小影"等英语剧制作软件爱不释手。

美术课中，我们将风靡世界的"数字填色"APP加入学生平板中，学生在课堂上可以随意选择自己喜爱的画作，按照数字的顺序点击完成创作，还可以生成短视频，与全班同学分享涂色过程，享受减压的绘画艺术，同时也激发了孩子们的想象力和创造力。

科学课的模拟实验软件更是让书本上的反应、公式变成了可以看得见、听得到、摸得着的真实场景。

此外，我们还在科学、综合实践、国学课中尝试融入很多新媒体技术。实体资源、虚拟化现实资源、远程资源以及个性化场景等有机融合，让想象力与新技术完美结合，让课程焕发出了新的光彩。这些网络寻宝可谓"低成本、高产出"。

（二）自主研发——让问题与需求从创意变成现实

现有的软件固然好，但满足不了一线教师所有需求。我们没有止步于拿来主义，而是基于问题和需求，组织人力向自主研发迈进并取得了可喜的成果。

我们把"高效阅读"和"批注式阅读"作为融合的突破口，老师们自主开发了定点凝视、眼脑机能训练、手指操等一系列与年级配套的"高效阅读"实用APP，大大提高了学生的阅读速度和阅读效率。同时，教师们利用学校云平台的强大互动和对比功能，在线指导学生批注，发现问题及时与学生讨论交流，指导更加精准，使学生的学习更加高效；"座位评价"APP能够实现课堂微观察，为教师和听评课人员提供客观的整堂课发言分布数据及分析；"计算竞赛"APP可以实现同桌两人在共用一台平板时的计算对决；"倒计时显示"APP、"舒尔特表变形"APP可以帮助学生练习集中注意力，提高训练时效；学校自行研发录制微课软件，破解了课件、黑板、白板、音视频等界面之间的无缝切换难题，随停随录，整合片段，自动合成，大大节约了课前准备时间。

目前，还有一些APP正在研发中，例如"创意美术简笔画""简易模拟实验"等等。如今，基于问题设计工具，形成策略解决问题已经成为教师们的思维习惯。

（三）成效反思——让软件服务于教学而不高于教学

APP作为科学长期研究的重要成果，在教学上的有效应用，使得以往的教学模式进行转变，成为现代教学的重要形式，对学生的学习产生了良好的效果，但是，在应用的过程中也让部分学生形成了不良的学习习惯。因此在课堂教学过程中，教师需要向学生讲解正确使用APP学习的主要形式，避免学生受网络环境的恶劣影响。教师在教学过程中应为学生树立有效的学习目标，通过教学APP的形式激发学生在日常生活中自主学习，能在限定的时间内完成学习，达到良好的APP教学效果。

总而言之，教学APP对我们都是个新生事物，虽不能完全代替教师的讲解，但是它改变了传统的教学效果，是课堂学习的好帮手，为师生搭起沟通的桥梁，大大提高了课堂效率。

APP小软件的融入，让学习变得更加开放而富有个性。基于教师，改变了原有的教学、教研方式，小软件的使用将书本中未涉及的重要内容进行补充，能够拓展学生的知识视野；基于学生，利用音频、视频的形式进行专业学习，学生在良好的课堂氛围中，对知识的掌握程度能够更加扎实，达到真正的个性化学习。在立体的学习空间和时间里，课堂的边界渐渐模糊，取而代之的是基于兴趣的真正学习。教学APP的运用不仅大幅更新了教学方式，而且将教与学从深层次上嵌入了当今时代，推动教学向信息化、数字化、智能化发展。

## 四、哪里需要微哪里

微课以其简单化、实用化、多样化和智能化的特点，备受师生欢迎，微课程的开放性也为教学应用带来了巨大的灵活便利。

文艺二校以校企合作形式共同研发了教育云平台，其中拥有海量微课资源，来源广泛。疫情期间，为了响应"停课不停学"的号召，面对时空限制，学生在学习方式上也有了不同的变化。微课作为一种资源，打开了文艺二校学子"居家学习"的大门，微课资源分类方式多样，按照不同学科、不同侧重点，让学生有了更多的自主权和拥有权，同时证明了微课具有十分广阔的教育应用前景。

**（一）微课的"前世今生"**

随着互联网的普及应用，微博、微信等软件逐渐进入了人们的生活，拉开了"微"时代的序幕，微课也应运而生。

文艺二校根据新课改要求，强调教师角色要进行转变，不再做知识的传授者，"授人以鱼，不如授人以渔"，要教会学生掌握学习方法，让学生体会到学习的乐趣，而在这个过程中，打破传统的教学方式，满足学生对不同学科知识点的个性化学习就显得尤为重要。因此文艺二校教导处牵头组织教师以教学视频为主要载体，将教学重点、难点、考点、疑点等精彩片段录制下来，供大家参考学习。将高深的理论变简单，将简单的问题变有趣，这种背景下，文艺二校"微课"资源诞生了，它是传统课堂学习的一种重要补充和拓展资源。不同的微课能够使学生按需学习，还可以查缺补漏，同时方便学生随时随地观看学习。这一形式在学校一经宣传，迅速成为校园的时尚，受到老师们的热烈欢迎。

**（二）微课"进行时"**

1. "学""研"相长

对于文艺二校教师来说，虽然微课前景十分广阔，但是也存在一定的困难和挑战。有些年轻教师，朝气蓬勃富有激情，对于新事物接受能力强，但缺乏一定的教学经验，对于内容把握不到位；有些经验丰富的老教师，对于内容的把握一针见血，但是对于新事物的接受能力弱，缺乏一定的技术指导，还需要不断地适应和自我摸索。这些情况都会给教学带来矛盾和挑战。

为了促进教师更新观念，提升教师信息素养和信息技术制作能力，提高教学效率，学校几次邀请专家到校对全体教师进行手机制作微课的培训。

培训以现场演示、操作互动为主。培训过程以丰富的理论知识、实际的操作策略为主，大家一起畅所欲言"聊微课"。向参训教师分享了新颖的教学理念和实际制作方法，老师们时而注目静听，时而交流讨论，不仅获得了新知，更学到了微课专业技能。文艺二校教师在活动中研讨成长，期待下一次的活动，都愿以参训学习为契机，不断探究，扎实实践，努力接轨先进的教育教学理念。

学校主动构建信息技术融合下的高效课堂，尝试用"微课"提升业务技能，改变教学生态，服务学生自主成长。

学校同时积极举办学科教师教学经验分享会，加深了教师对教材知识内容的进一步理解，更加促进了青年教师的专业水平发展。分别从课题的选取、内容的设计讲解、教学的反思等方面进行深入阐述。在课题选取时，要注重内容明确，或是针对知识点，或是针对趣味导入。对于知识点的讲解，教学语言要简明扼要，逻辑性强，易于理解。讲解过程要流畅紧凑、快慢适当，教师需要经历"研究—实践—反思—再研究—再实践—再反思"的循序渐进、螺旋上升的过程，才能提升最终的教学能力和水平。

微课，最终让教师从习惯的细节中追问、思考、发现、变革，由学习者变为开发者和创造者，在简单、有趣、好玩中享受成长。

2. 见"微"知著

（1）微在情境创设时

对于有些情境，使用语言描述苍白无力，学生无法深刻体会，难以进入。微课导入，趣味有说服力便于理解。

比如北师大版数学六年级下册第二单元《比例的认识》，导入怎样能生动有趣地吸引学生呢？学校数学教师本着"生本理念"的思想，以"国旗"这一情境导入，适时渗透"猜想—验证—得出结论"的数学思想方法。整节课五星红旗这条情感线贯穿始终，学生在生活情境中学习数学，既培养了学生的发散思维，又提高了学生分析问题和解决问题的能力。这样精彩的设计正是老师们经过无数次思维涌出、碰撞、摩擦，最后产生的共鸣。

（2）微在知识拓宽段

对于学生没有接触的知识盲区，可以尝试使用微课制作，生动形象的讲述结合画面能使学生更加投入，方便记忆。

比如语文《海上日出》一课是一篇典型的写景阅读课，在预习教学的基本环节之外，渗透写景方法是本课的教学重点。在反复思考斟酌后，针对单元学习目标和本篇课文写景特点，学校语文教师设计了"看篇章页，明晰单元任务；通读课文，认识生字词语；抓关键句，了解课文大意；随文入境，领悟写景方法"的预习目标。在实现教学目标引导学生学习名家名篇的描写方法时，老师呈现了"看篇章页，读交流平台，预测内容；启发谈话，介绍作者，了解背景；通读课文，认识字词，整体感知；品读课文，感悟奇观，学习写法；总结回顾，预习自测，升华运用"的教学过程，整节课环节清晰，层层推进。

（3）微在抽象难点时

微课导入，把抽象具有难度的内容直观地表现出来，全方位展示给学生看，能使学生对空间事物理解得更加透彻。

比如疫情期间七巧板的购买会有一定的困难，但如果没有学具无法开展相关课程，针对这种情况，学校数学教师设计了自己动手制作一个七巧板的活动，为保证让大多数孩子跟上节奏，她首先设计在视频中加入分解图示的方法，又找班级学生试做，根据反馈情况再不断调整。在拼摆三角形后，她利用学生视频进行反馈，启发学生有序的拼摆方法，为学生提供方法指导，难度循序渐进，启发学生在拼摆活动中积极探索。让学生运用学具，观察、发现、思考、操作，进而培养学生自主学习兴趣与创新能力，通过多种形式落实了本节课的重难点，学生通过多层次、多目标的练习检验了本节课的学习成果，在操作中体验到了学习数学的快乐。

（4）微在难以表达处

对于某知识点，虽然可以利用课件演示解决问题，但是课件制作烦琐，难以表现。微课导入，动态仿真，呈现过程，调动兴趣，便于理解。

《三位数笔算减法（试一试）》是北师大版数学教材二年级下学期的内容。这节课的主要知识点是通过画数线、拨计数器等活动，进一步探索并掌握三位数减法中整百数减几十几的连续退位减法的计算方法。通过把连续退位减法转化成不退位减法的过程，体验转化的思想。这节课是三位数笔算减法的第二课时，与第一课时不同的地方在于要重点引导学生思考，在计算三位数连续退位减法时，十位上是0时该怎么办。对于这个环节，学校数学教师先让学生通过观察计数器和列竖式的同步演示，由实物到抽象，从而让学生在这个过程去发现十位上是0时，理解要接着向百位借 1 当 10 的方法，最后让一位学生再来完整地表达列竖式的过程加深理解。在转化方法教学时，也是先让学生观察，再来表达，在这个过程中帮助学生进一步体会转化思想在解决问题中的价值和计算方法的灵活性。

3. "云"中建"微"

在"互联网+"的深度影响之下，学校采用校企合作的方式基于大数据、物联网、云计算等技术，依托移动设备和硬件设施，根据实际需求共同研发了一款综合性的教育云平台。与国家、省、市、区电教馆资源库相链接，拥有和课程配套的电子教材、图片、音频视频、自制微课课件、教案等校内资源上千个，能够实现自主学习多元互动和科学管理，帮助教师优化教学，促进学生个性发展。

平台是微课资源建设、共享、应用的基础，不仅能够满足教师、学生对于微课资源的需求，其中不乏大量的优秀获奖微课作品，同时还增加了"应用、研究"的功能模块，促进教师之间的交流，定期组织"微课库"的观摩、学习、评课、反思、研讨等活动，推进基于微课的校本研修和区域网上教研新模式形成，达到资源共享。

整合教育资源，是提高办学质量的关键。随着文艺二校教育集团的不断扩大，庞大的云服务平台中有着越来越丰富的教学资源，从教师层面各级各类精品课视频、课件等到优秀学生作品比比皆是。疫情期间，学生居家学习，他们需要从多个角度和渠道获取信息。要想让学生更加方便、快捷地找到系列化资源，有的放矢地进行系统学习，为文艺二校整体资源的整合提供了良好的环境基础，实现各校部之间的资源共享，学校做到了将资源分门别类，系统整合，呈现资源的完整化、层次化。以语文学科为例，进行资源划分，形成了以下体系。

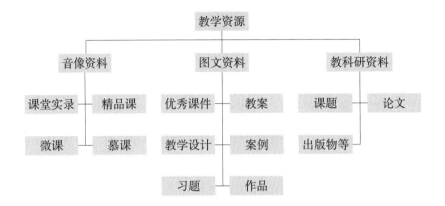

有一种初心，叫教书育人；有一种担当，叫责任至上。文艺二校教师在举国上下万众一心，众志成城抗击疫情的特殊时刻，积极响应"停课不停学"的号召，立足岗位，勇于做"线上教学"的探索者。8个学科，几十名优秀教师加入到"云课"的录制中，为线上学习提供优质教学资源。秉承责任校训，用自己的职业精神守护着每一位学生，用行动践行着师者的初心！为孩子们"停课不停学"贡献着力量。

# 第二节　寻求突破　探究"常态新模式"

## 一、探索个性化学习策略

以学习平台的基本功能为起点，全校师生不断探索，让学习方式与平台功能相互牵动、轮番升级，积量变为质变，实现了学校学习生态的整体优化。

（一）第一层优化：从"配给制"到"大超市"

"我要学"不仅仅是指一般性的学习态度，更是指主动选择的学习过程。学校教学云平台将优质的教学资源按学科、年级进行系统分类和呈现，形成一定意义上的课程"超市"，从而有利于学生学习过程中的自主发起、持续维持和不断进阶，学生何时看、何地看、看什么、重复看、何时停等等都由自己依据学习需要与个人感受来独立掌控。自选的"按自己的步骤学习"的方式彻底改变了传统教学中学什么、何时学、怎样学、学多深、学多快、学多少都由教师掌控的局面，让因材施教成为了现实，在学习可以被学生自己掌控时，自主学习就真实地发生了，大大满足了学生个性化学习的需求。

学校依托云平台，将人、技术、实体空间、虚拟空间合为一体，融入教学各环节，集教学辅助、教育评价、质量监控、个性化提升等多视角共同切入，让大数据为教学服务，让学习空间更加开放，让学习过程更加有效和富有个性。在立体的学习空间和时间里，课堂的边界渐渐模糊，取而代之的是基于兴趣目标与能力基础的真正学习。

这种教学结构要求教师秉持"学习者中心""定制化学习""翻转式流程""成果导向"等原则，通过云平台的定制化资源学习—针对性反馈—团队合作式研讨—陪伴式交流—混合式指导等一系列路径，助推学生的个性化学习进程。

（二）第二层优化：从"小流程"到"大流程"

在教学改革一路走来的过程中，我们已经有了很多局部的个性化学习过程，但我们不能满足于这种零零碎碎的"小流程"。在教学云平台的支持下，大数据分析、人工智能等新技术拉长了个性化学习的时间与空间，融入了课前与课后等更多微观领域，让个性化教学的流程走向了深入。

课前，教师完成好两项设计，一是对学生预习内容的设计。基于学习内容，教师对学生的动机、兴趣、能力、水平等进行分析和研判，为学生基于平台资源的个性化自学提供方向，对目标、任务、重点和难点、学习方式和学习活动时间等内容进行引导性提示，指导线上资源的利用。学生基于教师导学目标的提示，利用资源进行自主学习和翻转学习，查找资料、关联生活实际、发起话题讨论、上传收集的信息、观看微课讲解等，带着问题与任务走进课堂。二是对课堂教学"教"的设计。基于对教学班学习大数据，对能力分层的个案取样和学习进度进行分析，对教学内容进行结构化、情境化的设计，确定教学时在目标任务呈现、提问与互动、资源与技术提供、学习方式支持等个性化学习的重点需求与帮扶对象。同时，基于预想个性化学习可能出现的普遍性问题，提前设想解决策略。

课中，学生基于课前的学习情况，进入自主过程，并渐次进入合作学习、互动学习。教师将教学平台、各种软件及人工智能系统与教学内容与过程进行有效衔接，在引导学生活用在线学习资源的同时，使学生在应用知识解决问题时，适时利用智能辅助系统展开课堂学习活动。教学过程中，教师高度关注利用生成的数据来即时性地监控学生的学习，进行实时的反馈指导。

课后，教师基于课上学习、课下在线的互动答疑、学习行为、学习进度、测试成绩等数据进行深度学情分析，对于不同学习能力的学生进行相关评价，精准把握学生知识掌握、能力提升和情绪态度等方面的深层次信息，给予学生个性化的精准指导，推送相关学习资源，帮助学生个性化问题解决和个性化成长发展。

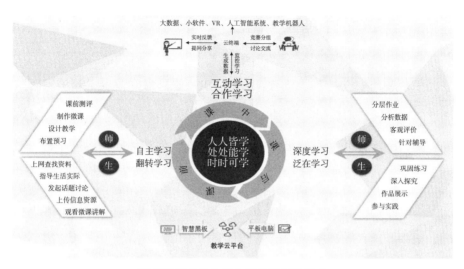

**基于新技术的小学个性化教与学模式**

### （三）第三层优化：从"优秀课"到"每节课"

本项目的全面、全员参与，让我们从打造"优秀课"的定点思维中走出来，在语文、数学、英语等学科的常规性课堂教学中进行大面积推广。其特点是依托平台丰富的课堂教学资源、扩展资源和网络资源；在数字化环境下，通过有效的师生互动，完成教师的个性化教学与学生的自主性学习。

成熟的学习过程分为五个步骤。第一步"对应目标，个性疑问"。学生课前利用平台提供的丰富教学资源展开自学，对应学习目标找出个人学习中存在的疑问，进入课上学习过程。第二步"确定主题，小组协作"。在教师的启发下，学生对问题的性质进一步清晰化，依据问题解决的实际需求形成学习小组。第三步"充分互动，合作共识"。小组内部展开充分的学习与交流活动，形成共识。第四步"交流展示，掌握应用"。呈现本组个人的学习成果，运用新知解决新问题。第五步"总结反思，补漏提升"。总结学习中知识、方法层面的收获与其他方面的综合性进步。发现学习过程中存在的问题与需要进一步强化和改进的地方。

教师的教以学生的学为中心，对应学生的个性化自主学习步骤，利用教育平台展开相应的教学与调节工作。第一步"激趣设疑，聚焦问题"。创设问题情境，形成学习氛围，激发学生思维的活跃度与参与的主动性。第二步"主题分类，科学分组"。将学生在学习过程中产生的问题进行梳理和分类。通过科学分组，引领学生进入合作学习状态。分组分为同质、异质、随机、归类等多种形式，借助于教学平台可以在很短时间内完成分组，学生可以在位置不动的情况下完成在小组内的协同性学习。第三步"个别指导，答疑解惑"。依据学生在互动过程中出现的具体问题进行有针对性的即时指导，回答学生的疑问。第四步"分析点评，拓展运用"。针对学生在交流过程中的情况进行优点与不足的点评与讲解，提出拓展性问题，运用和巩固所学知识。第五步"反馈调整，知识凝练"。针对整节课的教学情况进行全面的反馈与总结，对所学知识进行高度概括与凝练。

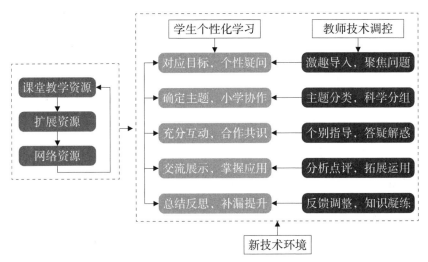

**基于新技术的个性化常态课堂教学模式**

### （四）第四层优化：从"总体上"到"细节处"

个性化学习是放手而不撒手，课堂重要关口、重要点位上的学习需要教师备足资源、备足手段，让教学过程更具丰富性与多样化，以丰富学生的学习体验与满足个性化成长的需求。

1. 多种课型的资源呈现

丰富的呈现方式有利于促进学生的积极参与，进而促进学生个性化成长。主要有三种形式：一是直观演示式：教师利用数字化环境向学生推送各种教学信息，这些信息具有知识准确、内容生动、形象直观、便于理解的特点，有效促进了学生掌握重点和突破难点。二是互动交流式：借助互动平台，学生可以看到文字、声音、图像的组合呈现。利用平台，教师可以准确把握每个学生对知识的理解消化过程，充分增强互动的针对性与合理把握教学节奏，实现了师生双边的深度互动交流。新的教学形态改变了传统教学中师生之间的结构关系，师生互相视对方为更亲密的合作伙伴。三是小组合作式：在同一要求下，4—6人的合作学习，借助"数字化环境"，围绕研究的主题和解决的问题，借助资源信息，快速给出办法，可以用文字、图片、音视频等形式呈现。

2. 成熟软件的整合应用

学校自主开发平台，主体上是对市场上通行产品的二次开发。将通行的成熟软件与自制软件整合使用，以更便捷和更好地实现利用交互式人机界面，通过符合思维与记忆特点的、超文本的丰富知识与信息，激发学生的学习兴趣，实现探究式学习，让学生实现自己获取知识、自我更新甚至创造新知识的理想目标。比如在语文课上，教师利用"腾讯地图"和"印象笔记"带着学生体验山河的壮丽、自然神奇的"身临其境"之感。在英语课上，学生对"SHOU ME""小影"等英语剧制作软件爱不释手，科学课的模拟实验软件让教材上的反应、公式变成了可视、可听、可虚拟感知的真实场景。

## 二、从"三中心"课堂向信息化高效学堂的转型

教师之为教，不在全盘授予，而在相机诱导。随着时代的进步，社会分工越来越细化，人才的需求也越来越多样化。传统教学课堂教学过程中，让学生配合教师的教学模式导致学生处于被动学习状态，学生学习难以获得理想效果，自主学习能力差。新时代环境中，可供学生选择的学习资源极大丰富，学习方法和途径可获得性高，学习环境不断完善。教师主动适应时代发展，开始由注重教师中心、教材中心、课堂中心向注重教学设计转变，即从学生围着教师转到着眼设计学习过程，由单一教学形式以教定学到混合式注重设计课堂教学方法。教师通过多元化教学方式和教学设计及环环相扣的教学环节引导学生自主学习自主发展，这一过程注重培养学生学习主动性，培养学生主动思考的能力。

### （一）树立发展意识，转变教学观念

处在知识爆炸时代的我们，每个人都要树立终身学习自主发展的思想，才能在未来具有竞争力，才能在互联网时代生存与发展，因此教师要具备超前的观念意识，培养学生自主学习能力的前提是转变教学观念。教师在教学过程中重视学生主体地位，引导学生自主学习，从学情出发转变教学方法，做学生学习活动的组织者和引导者，改变学生被动接受知识，对知识死记硬背、机械训练的现状，提高学生学习效能。教师设计学习知识的环节不仅仅包含教师的讲授，还要能够有更多的设计和机会让学生通

过独立思考，独立完成加工整理知识的活动，因此教师在教学设计环节中要教会学生如何学习。

**（二）重新定义课堂，优化教学环节**

秉持"学习者中心""定制化学习""翻转式流程""成果导向"等原则，通过定制化微课学习、陪伴式引导、团队合作式驱动、小班化深度研讨、混合式成果生成等路径，推动学生的混合式深度学习进程。

1. 创设情境，明确目标

教师根据教学内容设计导入活动，创设情境，激发学生的学习兴趣，提前发放课前学习材料，留给学生充足时间提前实践，让学生明确本节课的学习任务和学习目标。教师结合具体教学内容，设计适当的课前导入（在线导入），例如匿名投票、创意连线、超级分类、自主学习微课视频等。

2. 发布任务，自主探究

在自主探究学习环节中，学生用自己的账号登录教育教学管理平台，下载探究任务单和所需的学习资源，完成自主探究学习。教师根据教学内容录制辅导教程等微课，供学生疑惑时反复观看，可以随时停下来也可以随时开始，满足了学生的个性化学习需求。学生遇到问题可以通过反复观看微课视频、咨询教师、上网搜索等途径寻求解决问题的方法。授课时间教师可使用在线讨论模块与学生进行集体讨论及答疑解惑，自主探究的过程中教师为学生提供多种形式的学习支持。

以学校建筑主题的项目式学习《创意木艺坊》——搭房子为例，以PBL项目式学习为组织方式，学生为中心，注重学生的主动学习，将学习与任务（房屋搭建）挂钩，搭建过程中调动学生积极性；教师发布项目式学习任务单，以项目为导向，与学生生活实际相联系，通过主动探究与合作探究解决如何搭建房屋的问题。在此过程中，教师示范如何搭建木屋，学生观看相关微课视频，针对不积极参与的学生，教师及时下发提醒，从而调动学生综合运用各学科知识学习的积极性，形成独立解决问题的技能和自主学习的能力。

3. 展示交流，多元评价

学生经过自主探究学习之后，有些问题已经解决了，有些问题还没有解决，有些新的问题衍生出来。学生在准备的过程中，遇到问题都可以与教师随时沟通，一石激起千层浪，一个好的范例出现激发众多孩子参与的渴望，试一试的心态促使孩子们积极主动地去尝试：你用这种方法，我用另一种方式，活跃的氛围营造良好的学习循环模式。通过交流，学生在平等合作的学习氛围中，在平等合作的关系里学会自主解决问题，衍生出来的问题如果学生解决不了，再由教师伸出援手。结束了轻松氛围下的展示，教师对学生的自主探究过程和结果进行评价，结合有效的自评和学生互评不仅能帮助学生认清自我，加强相互交流，而且能培养学生的合作意识和责任意识。通过上述展示交流和评价，既检验了自主探究学习效果，又实现了对学生学习过程和学习成果的多元化评价。

以学校"班级优化大师"为例，语文课学习《动物儿歌》，采用"班级优化大师"的评价功能对注意力集中的同学给予加分奖励，引导全班同学认真听讲；对坐姿不端正、听讲习惯不好的同学适时减分，做出及时提醒和惩戒，为班级形成好学风指引方向。课堂中学生交流展示课外收集材料时，为学生在"课外积累"项中加分，让学生知道课前的收集是有价值的。学生在校表现利用互联网平台被记录下来，经过数据分析，家长通过相应软件随时了解孩子的表现。同时设置点评模板，从人工评价转向智能化评价，综合全面评定学生核心素养、学科能力、心理素质等，全维度记录学生日常表现，并可在家长终端生成学生潜力数据。

4. 分层教学，小组合作

对于每节课内容的学习，总会有一些学生先掌握，有一些学生后掌握，教师通过分层教学能够满足每个学生的个性化学习需求。在每节课的探究任务中，都有基础探究任务和拓展探究任务。对于基础探究任务，教师要求所有学生完成；而对于拓展探究任务，则是学有余力的学生自主选择完成。顺利完成基础探究任务的学生可以进一步提高难度，进行拓展学习。在学生完成拓展探究任务的过程中，教师引导学生将自主探究与小组内合作学习结合，小组成员共同探究，相互帮助，通过协作共同提高。

小组合作的学习方式是小学课程教学的体现方式之一，是教学活动中重要的组成部分。学生们开展实践活动的过程中发现问题，选择自己感兴趣的主题，确定研究小组，有共同兴趣的同学可以自主组成一个研究小组，根据组内同学的特长，进行组内研究工作的分工，例如设置活动计划（数据调查、材料收集）、形成活动结果（以报告、表演等形式呈现）。小组内每个同学的特长都可以得到发挥，学生们共同分担学习任务，集思广益，各抒己见。学生在活动参与中有较高的主动性和积极性，成员之间的高效合作促进学生对课程内容的深入了解，促进活动探究成果成效显著。同时也能提高学生自学能力和参与度，形成师生之间、生生之间的全方位、多层次、多角度的交流模式。培养学生合作意识，营造良好可持续发展的合作氛围，为今后适应社会打下坚实基础。

5. 总结提升，拓展延伸

为了检验每节课的学习效果，教师利用教育教学管理平台进行检测，及时查看学生的检测结果，并给予相应的指导。探究任务完成之后，每个学生都会形成一些学习成果，学生要将自己本节课探究学习的成果作品和学习心得上传至平台。师生均可在平台上查看每个学生的作品，还可以对作品进行评价，提出自己的看法。教育教学管理平台可以记录所有学生参与学习的过程和呈现的成果，教师可以根据这些记录全面了解学生的学习情况。

信息化网络时代，从"三中心"课堂向信息化高效学堂的转型已经成为必然，正如习近平主席在国际教育信息化大会上所说，要"建设'人人皆学、处处能学、时时可学'的学习型社会"。信息化高效课堂，满足不同认知能力的学生需求，对于学生的有效学习、主动学习、个性化学习、互动学习、延伸学习，有着十分重要的意义。

## 三、跨时空对话

学校的教育云平台基于大数据、物联网、云计算等技术，依托移动设备和硬件设施，以网页形式呈现，分为八大功能模块和教师端、学生端、家长端三个部分。通过教师端、学生端、家长端三方跨越空间的对话，架构出师生、生生、师师、家校跨时空对话沟通的四维交互网。

### （一）师生交互，云端点拨

平台的教师端采用的是微软平板电脑，使用了 Windows 系统，可定期更新并兼容多种教学常规软件，操作便利。学生端选用的是高像素 Pad，采用易操作的安卓系统，学生可以轻松地拍照和录制，还能下载多款学习软件工具，选择适合自己的学习工具。平台多次改版升级，按需丰富交互功能，当前版本中备课管理、作业批改、在线答疑、在线组卷、数据统计、我的课堂、资源中心、班级空间八大功能板块贯穿于课前、课中和课后，使学习时间有效地从课堂外延到任何时间、任何地点，全天候学习的特征日益显现。

1. 交互预学，课前预判

传统教学中课前预习只是学生单向地完成预习任务，教师并不能够及时了解学生预习完成的情况，并不能突显学生预习中的困惑。现在通过平台的交互技术支持，学生端与教师端课前可以不受空间和时间的限制随时交换想法。教师在教学平台上发布预习作业，学生完成后可以第一时间提交给教师，老师们也可以在一定时间内回复。这样能够帮助教师课前掌握学生的预习情况，及时调整课堂教学，从而使课堂学习更有的放矢。从传统教学的"以教定学"到为学生专属定制的"以学定教"，学生需求真正成为课堂的主导。课前预习时，学生还可以根据自己的能力与喜好，收集相关学习主题的资料，体现学生个性化的学习，真正实现了主动探究、自主学习的目标，从教材内容的"定量选择"到扩展学习内容的"海量选择"。

2. 交互课堂，关注个体

课中，借助教育云平台上提供的教学工具，如随机抽选、抢答等，使师生互动更加快速、有效，进一步实现学生"个性化"学习。于是在听课的过程中，我们看到数学课上，教师可以同时收到全班同学主观题答案，一键判断出对错，系统生成的"错题统计"显示出错误率和正确率，还会显示出错题的个体信息，教师可以马上对相关知识点做出强化，同时点对点地指导错误的同学。这一操作一键即可完成，极大地提高了教学的效率，同时实现了课堂上真正的"一对一"的教学。而在传统的课堂教学中，教师要想完成这样的"神"操作恐怕会耗费大量的课堂教学时间，更不可能实现"一对一"个性化教学。课堂教学中，教师可以通过演示资源、随机查看学生屏幕展示或对比学生作品等功能增加与学生的互动。课堂教学模块中提供的随机抽选、抢答等教学工具，提高了学习的趣味性，增加学生的学习积极性，真正将传统的"教师的课堂"转为以学生为主的"学生的课堂"。

3. 课后延展，云享作业

课后，学生可以通过上传作业、互动答疑等功能向老师提出问题并展示作业。打破了传统教学的时间与空间的界限，教师可以随时随地解答并回复学生的提问。学生也可以自主选择形式多样的作业呈现自己的学习成果。于是，我们会看到学生录制的英语课本剧视频作业、美术粘贴画作品图片、语文课背诵古诗词视频、音乐课钢琴弹唱视频等丰富多彩的课后作业。班级空间功能板块中学生们也可以相互展示和分享自己的学习成果。

这种关注学生学习差异的网络教学资源的自主学习和个性化教学辅导体现了利用现代教育技术解决教育教学问题的基本思想。在这种教学模式的学习活动中，注重发挥信息化对学生学习差异的掌握，以及基于学生学习差异的网络教育资源环境以及教学交流与互动，重视对整个学习过程的再设计，开放而灵活。通过精心设计的互动参与和评价反馈，可以使学生都得到不同程度的提高。

### （二）生生交互，云端合作

课堂上有需要的环节，只要教师开放平台上学生互相查看屏幕的功能，学生将不再受固定座位的限制，学生之间通过网络会快速建立一个立体交叉的互学互助网。一名同学可以通过平台跟坐在教室内任何位置的同学进行交流。云平台设计的学生分组功能还可以将学生组成合作小组。合作小组的建立不但可以在课堂教学中进行组内讨论交流，更有利于开展课后探究性学习。在尊重学生自愿组合的基础上，教师可以适当地进行小组的调整。同一小组内成员间可以完成作业上传、互批、互评，视频会议讨论等互助学习，提高学习成绩。在自主探究学习中，明确的小组分工、有效的小组讨论、合作的小组团队能够帮助学生顺利完成学习任务。通过合作形式培养了学生的创新思维与合作意识。学生还可以就自己感兴趣的话题进行互动讨论，将自己学习心得和生活体验发布到"班级空间"，和大家一同分享。

通过学校云平台使用的多年的实践反馈，我们发现学生端的相互关联可以使交互合作特征大大凸显。教育目标转变为追求相互合作、充满关爱的学习体验，学生创新思维能力得到提升。在学习过程中生生间互助合作、共同进步的可能性越来越大，合作学习还充分挖掘了学生的个性特征和潜在能力。学生之间的合作学习模式也成为了学校实验课堂的常态。生生之间的网络化交流与互动形成了具有泛在化特征的学习共同体。

**（三）师师交互，云端智享**

**1. 资源共建，强强联手**

集团化办学使学校教师团队不断壮大，如何能够更好地促进教师团队的和谐发展，成了我们亟待解决的问题。学校教育云平台的建立使这些问题迎刃而解。学校教学平台不仅提供了学生学习的教学资源，还为教师提供了海量的教学资源。文艺二校云平台为教师提供了"备课管理""资源中心"功能模块，存储了大量与教育教学相关的资料和素材。基于网络的开放性与共享性，不同校部、同一年级相同学科的教师可以分章节备课，然后资源共享，这样既提高了教师的工作效率，又减轻了教师的工作量，节省教师大量时间，利于教师的人性化管理。

**2. 课堂开放，优势互补**

"我的课堂"功能模块中提供智能录播系统会将教师授课的全过程录制成教学实况，提供给其他校部教师远程在线实时收看。这样可以实现异地同时听课，然后视频会议研讨，为教师提供了相互学习、共同切磋、携手提高的最佳手段。有了学校自己的教学云平台后，我们教师团队可以不受时空限制、实时互动，一批青年教师快速成长，提高了学校整体教育教学质量。一种充满现代感的、友好的、平等的网络研修氛围已在学校形成。学校教育云平台的高频使用，使优质资源在校内不再成为稀缺品。"研在云端"已然成为文艺二校教师们习以为常的一种形式了。通过学校云平台的搭建，我们还将学校的优质教育资源和优秀教研团队带向城乡的兄弟学校，"点对点"技术实现异地城乡教师的同步培训，充分利用优质教育资源。

在多年来的信息技术试点工作中，教师的"教""研""学""思"四位一体的意识得到增强。每一位老师都可以参与到研究工作中；每一个项目都是动态生成，可互动、对话；教育专题研讨、教学设计、教学案例反思、班级管理心得、学习推荐等过程都可以在"校园空间"上呈现。良好的学术研讨氛围，为教师借鉴教育教学改革的成功经验，提升自身业务能力和专业素养提供了便利的条件和机会。"教有个性、研有理性、学有悟性、思有灵性"已成为学校教师提出的专业成长标准。

**（四）家校交互，打破壁垒**

1. 沟通无处不在

互联网时代，家长对学校教育的关注度逐年提升。学校通过教育云平台实现了学校与家长零距离互动沟通。家长通过教育云平台可以便捷地查看孩子的学业报告、孩子的课堂及作业表现，及时了解自己孩子在学校的学习情况。通过观看课堂教学实录了解孩子的学习课程内容，帮助家长辅导孩子学习。班级空间定期更新的内容，也帮助家长了解班级信息和动态。另外，家长端与教师端实时互动，便于家长与班级教师沟通，掌握孩子的具体学情，教师会一对一地给家长提出家庭学习建议，有针对性地帮助孩子养成良好的学习习惯和行为习惯。

2. 互动消融壁垒

如今，家长细致了解学校的教育教学工作，不用亲身走进校园，平台上的远程互动功能消融了校园围墙的壁垒。平台每日都会及时发布校园活动信息，使全校的家长朋友都能了解学校的教育教学工作。平台定期推送教育故事和家教指南给家长，不断提高家长们的育儿理论。当学校面临重大事件时，学校云平台还会向家长发起投票和调查问卷。调查的数据在平台上得到及时的统计分析，给学校的工作提供了指导建议。家长代表也可以通过远程参与校务会议等模式，为学校发展出谋划策，使我们能够真正听取来自各方面的意见和声音，充分拓展教育外延，深度凝聚家校合力，共促学校教育和谐发展。

学校教育云平台多年来的实践工作，已为师生搭建了多维对话空间，拉近了师生、家校的距离。跨时空的对话变得更加多元化、立体化。在新型师生关系中，教师与学生互动更加民主，学生与学生互动更加开放，学校与家长的互动更加和谐。三方联手打造自主、自觉和自由的新型学习模式。

# 第三节　数据画像　教学育人双精准

## 一、推进个性化评价

学生在个性化学习过程中认识客观世界不难，难的是客观地认识自己。为了推动个性化教学的精准实施，学校以"评价"为突破口，创新评价工具，利用人工智能、大数据等现代信息技术，探索了"随科·随堂学生个性表现画像"的评价方法。即基于学科课程标准制定评价指标，以课堂观察为基础，对学生学习过程中的知识技能、学习能力、情感态度、学习行为等方面的个体表现进行实时性评价。数据记录，智能化分析，数据图谱反馈。

"随科·随堂学生个性表现画像"的评价方法指向的是学生课堂学习全过程中一种个性化的针对性学习诊断形式,为学生的学业发展找到更多过程性、个性化因素,进而提供个性化的针对性服务和指导。

**(一)评价系统：指向五个方面的系统评价**

学校以中共中央、国务院印发的《深化新时代教育评价改革总体方案》为指导,以义务教育阶段的学科课程标准为基础,初步构建了文艺二校"'随科·随堂'学生个性表现画像"评价方法的"内容框架"和"指标框架",并提炼为"五个系统"的评价模型。五个系统即智育发展系统、品德养成系统、体育健康系统、素养提升系统、劳动实践系统,其目标不是甄别,而是分析诊断学生学习过程中的特点,从而为学生个性化学习提供更加优质的教育。把教师育人和家庭教育引领到学生全面发展的轨道上来。

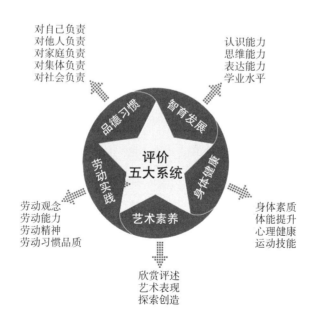

## （二）评价工具：四类11套评价工具的系统研发

结合沈阳市每年四年级开展的测评经验，编制校级评价工具：随科随堂评价工具7套，表现性评价工具2套，德育养成评价工具1套，学生、教师、家长调查问卷各1套。评价实施组以班级为单位，各学科授课教师和家长记录学生学习中的表现。数据画像组通过人工智能对收集的数据从自身发展角度和横向对比角度两方面形成不同方面的五育发展图谱。

### 小学美术学科"随科·随堂"学习表现评价记录单

日期：10月　　　　　　教师：郭楠　　　　　班级：6.9

| 序号 | 姓名 | 造型表现 | | 设计应用 | | 欣赏评述 | | 综合探索 | |
|---|---|---|---|---|---|---|---|---|---|
| | | 表现技能 | 交流表达能力 | 操作技能 | 交流合作能力 | 资料整合能力 | 欣赏评述能力 | 学习活动程度 | 综合运用能力 |
| 1 | 刘宇轩 | 5 | 10 | 10 | 5 | 8 | 6 | 8 | 8 |
| 2 | 刘星震 | 5 | 10 | 10 | 5 | 6 | 8 | 10 | 8 |
| 3 | 刘梓奕 | 10 | 10 | 15 | 15 | 10 | 8 | 10 | 10 |
| 4 | 刘沛鑫 | 10 | 15 | 15 | 15 | 10 | 8 | 10 | 10 |
| 5 | 刘美含 | 15 | 15 | 15 | 15 | 10 | 10 | 10 | 10 |
| 6 | 刘迦南 | 5 | 5 | 10 | 5 | 8 | 6 | 6 | 8 |
| 7 | 刘馨灿 | 5 | 10 | 10 | 5 | 10 | 10 | 10 | 10 |
| 8 | 周昊玉 | 10 | 5 | 10 | 5 | 10 | 8 | 6 | 8 |
| 9 | 周禹含 | 10 | 10 | 15 | 15 | 10 | 10 | 8 | 10 |
| 10 | 唐梓航 | 10 | 15 | 15 | 15 | 10 | 10 | 10 | 10 |
| 11 | 姜采君 | 10 | 10 | 15 | 15 | 8 | 8 | 8 | 8 |
| 12 | 孔令甲 | 10 | 15 | 15 | 15 | 10 | 10 | 10 | 10 |
| 13 | 孙海艺 | 5 | 10 | 10 | 5 | 8 | 10 | 10 | 8 |

### （三）评价内容：多科并行的全面评价

本着"德育为先，能力为重，全面发展，知行合一"的原则，学校选取了五个系统多个学科开展随堂评价活动。各学科以课程标准和课程内容为依据，研发评价工具，科学设置评价维度，每个维度设置两级评价指标，每个二级指标涵盖多个观察点，各学科形成了具有学科特色的"随科·随堂学生个性表现画像"评价量表。

**小学六年级英语学科"随科·随堂"学生个性表现评价指标量表**

| 评价类别 | 一级指标 | 二级指标 | 观察点 |
|---|---|---|---|
| 学科知识权重75%（75分） | 知识技能权重80%（60分） | 听（权重25%）（15分） | • 能在图片、手势的帮助下，听懂语速较慢但语调自然的话语或录音材料。<br>• 能听懂简单的配图小故事。<br>• 能听懂课堂活动中简单的提问。<br>• 能听懂常用指令和要求并做出适当的反应。 |
| | | 说（权重25%）（15分） | • 能在口头表达中做到发音清楚、重音正确、语调达意。<br>• 能就所熟悉的个人和家庭情况进行简短对话。<br>• 能恰当运用一些最常用的日常套语，如问候、告别、致谢、致歉等。<br>• 能在教师的帮助下讲述小故事。 |
| | | 读（权重25%）（15分） | • 能认读所学词语。<br>• 能根据拼读规律读出简单的单词。<br>• 能读懂教材中简短的要求或指令。<br>• 能读懂问候卡等中的简单信息。<br>• 能借助图片读懂简单的故事或小短文，养成按意群阅读的习惯。<br>• 能正确朗读所学故事或短文。 |
| | | 写（权重25%）（15分） | • 能根据要求为图片、实物等写出简短的标题或描述。<br>• 能模仿范例写句子。<br>• 能写出简单的问候语。<br>• 写句子时能正确使用大小写字母和标点符号。 |

续表

| 评价类别 | 一级指标 | 二级指标 | 观察点 |
|---|---|---|---|
| 学科知识权重75%（75分） | 文化意识权重20%（15分） | 文化了解（权重60%）（9分） | ● 乐于了解外国文化和习俗。<br>● 知道主要英语国家的首都和国旗，了解英语国家中重要的节假日等。 |
| | | 跨文化交际（权重40%）（6分） | ● 在学习和日常交际中，能初步注意到中外文化异同。<br>● 能够在日常与来自英语国家的人的交往中注意差异，避免文化冲突，做到适应与通融。 |
| 学习品质权重25%（25分） | 情感态度权重20%（5分） | 学习兴趣（权重60%）（3分） | ● 有浓厚的英语学习兴趣。<br>● 积极主动地参与课内外英语活动。 |
| | | 抗挫能力（权重40%）（2分） | ● 敢于开口，表达中不怕出错误。<br>● 乐于感知并积极尝试使用英语。 |
| | 学习行为权重40%（10分） | 自主学习（权重50%）（5分） | ● 遇到问题能否独立思考，有自己的理解、观点。<br>● 能在学习中自主探究，发现问题、解决问题。 |
| | | 合作学习（权重50%）（5分） | ● 在学习中乐于参与、积极合作。<br>● 遇到问题主动向同学请教。 |
| | 学习状态权重40%（10分） | 善于倾听（权重50%）（5分） | ● 在学习中集中注意力。<br>● 在课堂交流中，注意倾听，积极思考。 |
| | | 敢于表达（权重50%）（5分） | ● 能大胆、清楚地运用英语交流与表达。 |

### （四）评价策略："分散评价+数据画像"

面对每学科多个评价指标、多个观察要点，学校采取了分散采分的评价方法，即把评价维度的各项指标对应到相应的教学内容中。这样增强了评价的针对性，同时减轻了教师的评价负担，提高了评价的效能。教师每节课有目的设计评价点及对应的教学环节，在学生参与活动的过程中观察、考查学生的行为表现。通过一个阶段（通常以月为单位）完成所有维度的评价数据采集后，通过人工智能技术手段对采集的数据进行统计、分析、描述，为每一个学生绘制学习表现的个性图谱。

数据画像报告单包括学科画像和综合画像两部分。学科画像从"个体情况"和"对比情况"两方面呈现学生的数据图谱。其中"个体情况"采用"表格"的形式呈现学生每个指标的等级、具体表现、综合评语。学生可以清晰看到自己个人指标达到程度和需要努力的方向。

**六年级某学生英语"随科·随堂学生个性表现画像"（个体情况）**

你的成绩
84.00

左图中仪表盘各段区对应表示 A、B、C、D 四个成绩等级，指针所在的位置不仅表示出你的成绩等级，也表示出你在该等级中所处的位置。

你的能力水平已经达到了良好，要继续加油啊！

了解你的表现：

| 评价类别 | 一级指标 | 二级指标 | 等级 | 具体表现评价 |
|---|---|---|---|---|
| 学科知识 | 知识技能 | 听 | A | 能听懂语速较慢且语调自然的话语或录音材料。 |
| | | 说 | A | 能就所熟悉的个人和家庭情况进行简短对话，发音清楚，语调达意。 |
| | | 读 | C | 能认读所学词语、句子、短文，但错误率较多，朗读不流畅。 |

| 评价类别 | 一级指标 | 二级指标 | 等级 | 具体表现评价 |
|---|---|---|---|---|
| 学科知识 | 知识技能 | 写 | C | 能模仿范例写句子，但拼写及语法错误较多。 |
| | 文化意识 | 文化了解 | A | 乐于了解外国文化和习俗，知道主要英语国家的重要的节假日及习俗等。 |
| | | 跨文化交际 | A | 能够在日常交往中注意文化差异，避免文化冲突。 |
| 学习品质 | 情感态度 | 学习兴趣 | A | 积极举手发言，愿意参与英语活动，经常体验到学习的乐趣。 |
| | | 抗挫能力 | B | 在他人鼓励和引导下，能克服一些困难，努力学好英语。 |
| | 学习行为 | 自主学习 | B | 在他人引导下，能找到适合自己的学习方法。 |
| | | 合作学习 | B | 能参与小组活动，能与同学合作。 |
| | 学习状态 | 善于倾听 | C | 倾听他人发言不认真。 |
| | | 敢于表达 | D | 缺少表达的勇气，课上不表达。 |

教师评语：

你有较好的英语知识基础，能力发展较为均衡并达到良好水平。你能听懂语速适当，语调自然的话语，能较为流畅地介绍自己熟悉的话题，能在图片的帮助下读懂短文及小故事，并能进行正确和较为流畅的朗读，书写中会有一些语法错误，你喜欢并主动阅读和了解不同的文化，基本能在互动中注意文化的不同。

"对比情况"的数据图谱，通过条形图，呈现学生个体表现与班级平均率的对比。学生可以清晰看到自己每个评价指标在班级所处的位置。

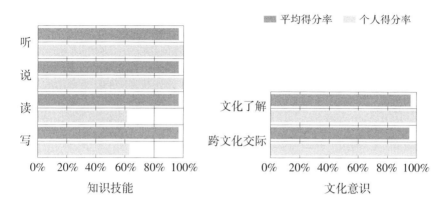

从英语学科能力的角度看，重点考察了听、说、读、写、文化了解、跨文化交际等6个方面。

上面每项学科素养的绿柱代表全班平均得分率，橙柱代表你的得分率，从对比结果看，你在读、写方面要加强哦。

**六年级某学生英语"随科·随堂学生个性表现画像"（学科知识对比情况）**

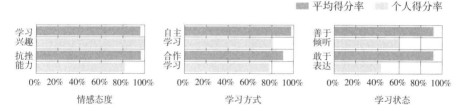

从英语学科能力的角度看，重点考察了学习兴趣、抗挫能力、自主学习、合作学习、善于倾听、敢于表达等6个方面。

上面每项学科素养的绿柱代表全班平均得分率，橙柱代表你的得分率，从对比结果看，你在抗挫能力、自主学习、合作学习、善于倾听、敢于表达方面要加强哦。

**六年级某学生英语"随科·随堂学生个性表现画像"（学习品质对比情况）**

综合画像报告单用雷达图呈现出学生个体每个学科的总水平与班级每个学科的平均率进行比较，既可以发现自身优势，找出薄弱点，也可以反映出学生是否均衡发展。

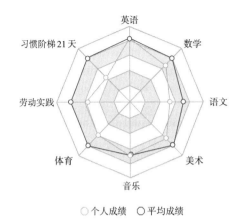

○ 个人成绩　○ 平均成绩

亲爱的同学，你好！

左侧雷达图中，距离中心越远表示此维度得分越高，表现越好，反之，距离中心越近表示此维度得分越低。橙色代表了你的得分率，蓝色代表了班级平均得分率，通过对比可以看出，你在数学、语文、美术、体育、劳动实践、习惯阶梯21天这几个方面需要加强。在你的成长中要学会取长补短，拥有战胜困难的信心和毅力，努力勾勒自己美丽的人生画卷。

**六年级某学生英语"随堂·随科学生个性表现画像"（综合情况）**

## 二、应用评价，精准育人

学生的课堂表现数据画像将为老师的教学行动研究提供最真实、最直接的参考资源，也是对学生开展个性化学习的前测诊断，在"改善学生学习，提高教师教学水平"两方面都起到重要作用。

改善学生的学：学生和家长可通过报告单中的图像和语言描述发现学生自身优势、建立学习自信，克服自身不足，明确努力方向，制定切实有效的个性发展计划，发展强项，弥补弱项，在全面发展的基础上学有所长，实现个性发展。

改善教师的教：教师在教育教学过程及日常生活中，可以进行多个孩子的同类指标的对比，从而寻找问题，调整自己的教学，改进自己的教学方法，实现教学质量和教学效果的同步提升。这种基于过程性发展性的评价，让教师在实施教学的过程中，做到"心中有标准，心中有学生"。

## 三、发展个性，学生个体的行为数据模块

小学生能否健康快乐地成长不仅关系到家庭的希望，也关系到民族的素质和未来。小学阶段是青少年发展的关键时期，也是一个人人生观、价值观初步形成的时期，与个人的未来发展密切相关。正如一棵树上没有两片完全相同的叶子一样，在教育这个庞杂的系统中也不会出现两种完全一样的学生。相反，差异性和独特性是教育教学中常常遇到的高概率真实性问题。

在我们的教育中有这样一群显得特别的小朋友，他们由于受自身、家庭、学校和社会等方面的影响，从而引起心理和行为严重偏离常态，与大多数学生相比显得"格格不入"，我们常常称之为"问题学生"。正所谓教育事业是阳光下最伟大的事业，教育所关爱的应该是每一位学生，教育所影响的应该是充满无限可能的生命和未来，摒弃任何一位学生都不是真正的教育。作为教育工作者应该正视教育中出现的"特例"，带着友善包容的胸怀寻找正确的方法，进行积极的干预。

**【案例】从"叛逆的小种子"到"我是一棵树"**

A同学，生得高大健壮，讲话不紧不慢，有各种理由不听你说话，有各种理由不完成作业，有各种理由欺负周围同学，常常在课堂上和周围同学讲话，被各个任课老师请进办公室，都是由于上课扰乱纪律，或者欺负其他同学，成绩永远是最后一名，父亲不问不管，母亲管也管不住，越管越不好，老师严厉批评的时候他会有各种借口为自己的行为开脱，表扬他他还会往前走走，但是老师不关注时便又会停滞不前，懒得动，懒得写作业，懒得直起身子好好听讲。

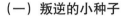
### （一）叛逆的小种子

#### 1. 我行我素（不良行为）

以自我为中心是现在小学生普遍存在的现象之一，它严重阻碍了同学之间的正常交往，不利于小学生的身心发展。A同学身上有着"自我为中心"孩子的典型特征。与同学相处蛮横无理，我行我素；与老师相处缺乏礼貌；与家长相处任性、无理，常常大喊大叫。究其原因主要是由不良的家庭教育导致的。

班主任在处理一次A同学食堂打闹事件时的一段对话清晰地反映出这种问题。老师说："班级是一个集体，每个在集体中的学生都要遵守集体的规则，而刚才在食堂打饭你为什么插排？又为什么对制止你的同学大打出手？"A同学听了老师的话，一脸不屑说道："在家里爸爸听妈妈的，妈妈听爷爷、奶奶的，而爷爷、奶奶听我的。家里我老大！我饿了就想先吃饭，其他人都得听我的。"听到这番"豪言壮语"，老师心中有说不出的滋味。在家庭影响下形成的这种个性，使得他们在人际交往中也往往以自我为中心。一般表现为性格强势，希望别人服从自己，遇事儿先考虑自己，以自己的眼光去看待周围的人和事儿，不能客观地评价别人和自己，评价往往带有主观性。严重自我中心型的学生往往脾气暴躁，家长一时不顺从自己就会"大发雷霆"，在与同学交往中经常矛盾重重、口角不断，不能与同学和睦共处。

#### 2. 才疏学浅

除了行为上的我行我素，A同学在学习上也存在着严重的问题。反映在学习目的方面：没有明确的学习目标，学习目的不明确，学习态度不端正。认为学习不重要，学习好坏对将来没什么影响，学习不好以后照样可以挣大钱等错误思想严重。

在学习策略方面：A同学不能合理地制订学习目标和学习计划，学习比较混乱，不能依靠自己的知识和能力制定出一套符合自己实际学习情况的学习策略。但又不虚心向同学和老师学习请教，因而学习行为表现出极大的盲目性、随意性和不稳定性。

在学习方法方面：A同学不会合理安排时间、充分利用时间，对于数学的学习缺乏灵活性和发散性思维，在语文学习上不知道如何阅读、如何写作、如何记忆等。学习比较混乱，学习效率不佳。

在学习态度方面：主要表现为对学习不感兴趣，心理上排斥学习，缺乏学习的主动性。课堂上听不进去课，上课睡觉或看漫画书、故事书等，甚至出现上课时突然起立打断老师讲话扰乱课堂秩序的情况，对他来说上课是一件无聊的甚至感到煎熬的事。

3. 无所适从

这类问题学生大多受小时候的影响较重，尤其是受家庭因素的影响最深。他们与其他学生相比有着更强烈的自尊心，更希望得到家长和老师们的理解和尊重。主要表现为自卑、忧郁、缺乏自信心和安全感。欧拉岛曾经说过，安全感是儿童生存的基本需求。有安全感的孩子往往情绪稳定，性格坚定平和，遇事不会惊慌失措，有良好的人际关系，能与同学进行正常的交往，能自行处理学习和生活中遇到的问题。而缺乏安全感的孩子，往往表现为情绪波动大、性格暴躁孤僻、遇事回避、严重自闭等问题。

A同学成长在单亲家庭中，父母离异又各自组建家庭。A从小跟着奶奶长大，每年见到父母的次数屈指可数。因而他极度缺失爱，又极度渴望爱，同时又缺乏正确表达需求、舒缓情绪的能力和方法，以致在进入校园开始集体生活时会找不到自己的真实位置和处境，缺乏归属感，感觉自己孤单寂寞，与同学相处困难，在与同学交往的过程中经常出现矛盾，错误表达需求和情绪。此外，A同学课余时间常与电脑为伴，沉迷游戏，受网络良莠不齐信息的影响严重。

## （二）寻找合适的土壤

虽然A同学在集体教育中出现这样那样的问题，但他品德方面并无大碍，可以说只要不谈学习，还是有很多其他方面优点的。本着相信每朵花都能绽放的原则，针对A同学的实际情况，学校及老师积极探索，发现了一条适合A同学的成长之路。

A同学由于长期沉迷网络，终日与电子产品为伍，了解到了许多课本上没有的知识，虽然这部分内容良莠不齐，但是与此同时A同学的电子产品操作能力、新信息捕捉能力也远远高于其他人。劳动课上动手能力也很强，每当劳动课A同学总能收起往日的喜怒无常，更没有了跋扈张扬。此外，A同学也十分喜欢体育课，虽然课堂纪律着实令老师头疼，但每次长跑他都能遥遥领先。

媒体承载的信息在运动信息的传递上更显优势，为体育教学提供了更多更灵活的手段。不仅如此，数字技术和互联网技术的发展为师生开通了一条便捷的信息反馈的回流通道，让体育教学主体间能够进行及时的信息互动，交流更加顺畅。云平台、网络课程、远程教学的出现让体育教学能够关注到体育学习者的个体需求，服务于每一个体育学习者终身体育的需要。

为发挥优势，弥补不足，学校充分利用云平台为A同学推送了各式各样的体育课程，为培养兴趣到转变为专长而努力。渐渐地，A同学会主动利用平台中的优秀资源，日益丰盈自己的电子书包。从对学习丝毫不感兴趣的叛逆小种子到寻找到合适土壤，汲取营养，等待发芽的生机小苗。我们惊喜地发现，改变正发生在点滴之间。

### （三）我是一棵树

#### 1. 乘风破浪的篮球少年

在信息技术的支持下，用户和教学资源是非接触性的一对多的关系。学习资源具有开放性的特点，不再孤立和排他。无论资源存储在何地，只要知识产权、信息流量许可，终端用户都可接入网络，同步或异步获取信息资源而互不影响。不少学校通过云课堂这种开放的、灵活的教育平台为学生提供丰富的体育学习内容，提出学习方法建议，指导学生进行课堂外的自我学习。学习内容的非线性传递和超容量的数据库存能够满足学生多样化的需求，体育教学中运动项目的技术和战术的动态演示、静态分析和体育知识的讲授、案例分析、练习题、测试和答疑通过网站平台展现给学生。学习者可结合自己的身体条件、兴趣和经验，设定个人的体育学习目标，根据体育课程网站提供的资源和学习建议，制定个人学习方案，按照自己的进度安排学习。

"今天下午，我们班要与五班踢一场足球比赛，身为队长的我要提前做好准备。上午的一、二节课结束后，我来到计算机教室打开电脑，上网搜寻对手在比赛时可能采用的4-5-1防守反击阵型的攻守特点，根据网友们给出的建议，我决定采用4-3-3的进攻阵型与他们对阵。我打开实况足球对战模式，选择使用4-3-3阵型的阿根廷模拟本队，选择善于打防守反击的意大利队模拟假想敌进行对阵，三场的模拟比赛后，我觉得本队采用的这种攻击型阵型能够控制比赛局面。于是，我画好比赛对方的阵型和战术安排图并在放学后上传到我们足球队的微信群，然后在群里和队友们商量有针对性的攻防战术，听取大家的意见后，我稍微调整了一下首发阵容，对下午的比赛我们已经成竹在胸。"

这是A同学在一次校足球比赛前写在日记中的事情，清晰地反映了在媒介技术丰富的今天，体育教师可根据教学目的、教学信息的特质、自身专业知识及能力、学生的体育知识储备及运动技能水平，创造性地运用不同方式的教学手段交替进行教学，实现体育教学效果的最优化。同时，那些具有专长和爱好的孩子也可以最大限度地培养兴趣，增长见闻，提高能力，甚至可以在某一领域大有作为。

此外，"云端"记录和存储着体育学习者的基本信息和学习轨迹，这些数据安全可靠，不会丢失。在任何时候，只要学习者提出学习请求，体育教学者就可即刻从"云端"获取学习者的兴趣爱好、健康状况、学习能力和运动技术掌握程度等相关信息，提供随时随地的个性化指导，以满足学习者的需求。

A同学坚持每天登录平台进行学习，并自学了许多球类专业动作和运动技巧。如今，调皮A已经利用信息化手段找回了自信，因童年爱的缺失迷失方向的A已经逐渐变得平和了许多，在体育运动中更加懂得了团队的重要，渐渐地，他与人交流更平和了，与同学相处更和谐了，甚至用自己的行动影响了他人，班内组建了"勇往直前"篮球队，在一次次的拼搏和汗水中懂得了合作与团结的真谛，在校运动会上取得了第一名的好成绩。

这种方法打破常规，通过"网上师生互动、双向视频教学、学生在线自主学习、在线考核、在线答辩"等多样灵活的教学活动，让学生爱上体育，从而积极、主动地开展体育运动。这种突破时间、空间的学习方式更加自由、自主，也给了教育更多的可能性。

2. 妙笔生花的追梦者

美术是一门人文性学科，教材内容的选定应与学生生活中的相关教育资源紧密联系起来，把学校教育教学与现实生活教育合理地进行整合，这符合小学生的年龄认知特点，有利于增强学生的学习兴趣，有利于将学生学习到的新知识回归于生活、回归于大自然。

信息技术鼓励并激发了每一个学习者的想象力和创造力，促使他们由资源的利用者向建设者转变，"所有的你，都让我变得更强，所有的我，都让你变得更加有效"。每个依托现代信息技术的学习者同时也都在信息网络世界里贡献着自己学习的体验和智慧，促使着学习资源向更丰富、更深层次的方向发展。

在某一次美术课上，老师发现了A同学的不同。往日因为A同学变得喧闹的课堂此时却无比和谐安静。老师正担心是不是A又偷偷跑出了教室，仔细一看A同学正埋头创作呢。

在互联网平台上，学习资源是"个体积件式"的，它是以某一知识点的某一方面为单位呈现，犹如灵活拼装小积木。使用者提出资源服务需求时，"小积木"迅速流动，组合汇聚还原成资源者所需要的完整信息，满足资源使用者的个性化需求。

A同学在网络平台上找到了属于自己的小积木，不断累积，终能筑起属于他自己的高楼大厦。

"每一个小孩都是一粒种子，只是每个人花期不同，有的花一开始就绚丽绽放；而有的花却需要漫长的等待。不要盯紧别人的花，不要觉得别人家的永远都是好。相信花有自己的花期，细心呵护，看着他一点点的成长，这何尝不是一种幸福。也许你的种子永远都不会开花，因为他是一棵参天大树。"教育既要有海纳百川的包容性，也要有"区别对待"的方法和能力。尊重每一个鲜活的生命个体，发展个性，让教育成为个体发展的指明灯和奠基石。

## 四、应用数据画像的个性化学习

随着移动互联网和大数据技术的发展，数字画像技术在教育教学中的应用得到越来越多的重视。文艺二校自2015年起，通过平台建设、数据分析、问题诊断等方式，渐渐从"服务课堂学习"发展为"支撑网络化的泛在学习"，为完善学校课程智能化管理、优化学生个性化学习提供了有效支持，基于数字画像的精准教学已初见成效。

"学生数字画像"是指基于个性化教学目的，以学生多来源、多维度数据为基础，通过数据分析技术生成全方位的学生画像，通过对学习者提供过程性与总结性描述，精准地为不同学习群体提供教学支持服务。数字画像的构建背后是一系列技术的支撑，包括各种数据采集技术、采集工具的应用，如全面感知的物联网、可穿戴设备、图像识别、RFID、学习行为轨迹转换记录系统等，这些技术能从多个维度记录学生的学习、生活数据，从而为数据挖掘分析提供了素材。

为保障对学生成长过程的有效记录和准确分析，学校不断完善课程管理与学生评价系统，构建了涵盖"五大系统一个平台"的校园智能学习环境，覆盖学生成长全过程，为学生数据的完整采集奠定基础。

基于学生成长空间和校本学生综合素质分析系统，全面了解学生的学习兴趣、学习态度、学习习惯和学业成果，实现对学生数据的全面采集和深度挖掘。教师以学生的动态数据为基础，定期完成核心评价指标的统计与分析，生成每位学生的综合素质发展报告，呈现学生的发展动态。同时，基于大数据分析，以雷达图的形式反映学生个人与学校均值之间的差异，明确学生的优势与不足，提高学生自我发展精准度和学校教育教学精准度。

数字画像来自学生的学习、生活、身体体征、作业、社交和位置信息等各种数据汇聚到学生成长数据中心，经过清洗后建模，构建学生数字画像。此画像具有个性、实时、多维、全面等特征，可以帮助学校及时了解学生的发展状况，并与家长和教师共享，从而为形成教育合力、营造共同的育人场提供了数据支持。

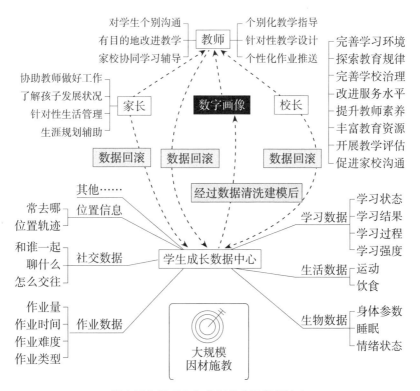

**数字画像的采集与分析维度及数据流向**

我们知道，数据其实是让人越来越聪明的，聪明的核心是让人理智，理智的教育总是在帮助学生适应这个世界。在学习分析技术的支持下，"因材施教"的梦想变得越来越触手可及。数字画像作为学习分析技术应用中的重要部分，如何生成、分析并应用数字画像，成为实现精准教学的重要技术手段。在当前教育的新形势下，学习构画学生的学业数字画像，实施精准教学更是一线教师应当重点培养的信息素养。文艺二校应用学习分析技术，通过在学生学习与生活的全方位的范围内采集学生有意义的数据，经过筛选、分析，形成学生的立体"数字画像"，为孩子记录更完整的成长数据，最终实现数据驱动的大规模因材施教。

## 五、有情感的行为数据

近年来，在"互联网+教育"大浪潮的推动下，学校教育及课堂教学中智能化、数字化也越来越多。而大数据反馈如同教育信息化发展中的一股清流，正被越来越多的学校用于学校教育和课堂教学中，用来进行学情数据采集和分析诊断。让学习和教学内容由"静"变"动"，对学生的学习路径和针对性进行深度分析，大大提高了课堂教学效率。信息化的数据反馈让学习变得更加情感化和富有个性，在立体的学习空间和时间里，展现出有情感的立体化的行为数据课堂。

### （一）有"情感"的数据之谜

学校教育云平台中的数据反馈具有超强的可视化分析能力，可以让数据看上去更直观明了，清晰地分析问题；还可以让数据自己说话，只要教师看到所反馈的数据，就能对学生的听课状态、掌握情况进行分析。数据本无感情，由于教师对学生反馈的数据进行分析，了解学生情况，教学情况，便于调节课堂教学内容，进而赋予数据情感。根据分析目标的不同，采用相应的方法和策略，对学生反馈的数据进行分析，推导出有价值、有意义的结论。

1. 解课前备课数据之谜

在以互联网为主体的信息技术环境中，为了获得各种各样新鲜、丰富的教育学习资源，师生不断将智能终端融入学科教学中，实现与世界相联、相通，为各学科教学提供了丰富的选择。

在数学课堂中，你会看到教师经常通过屏幕广播、发题等功能将精品资源中的微课及课堂中现场生成的资源任意"推送"给学生查看练习，把准备好的问题或试题分配给不同的"小组"进行讨论回答，学生端的平板自动接收，进行客观题作答，课堂调用十分便捷。作答结果自动生成统计数据，教师通过学生作答情况、作答结果的百分比、作答所用的时间了解学生预习时对知识的掌握程度，预习时候的学习态度如何，并及时主动与其家长沟通逐渐培养孩子的学习主动性。节省课堂时间，丰富课堂教学内容，提高学生学习兴趣，同时，也便于教师了解学生对相关知识的掌握程度，不断优化调整学习过程，达到学习效果的不断提升。

2. 解课堂互动数据之谜

（1）让小平板"发光"——提高学生对知识记忆与理解的频度

教育云平台具有即时反馈的功能，为了改进教师的教和学生的学提供有效策略，以动态形式收集学生学习数据。通过移动终端调查，进行课前、课中和课后的预习测评、跟踪反馈和作业评价。学生通过平板抢答或随机抽取学生作答，单独抢答或给随机抽中的学生定向发题，学生作答结果可以对比，亦可以互看答案进行批改，做题方式新颖，能提高学生的学习热情。课堂上将平板与课堂上各种设备匹配起来，让学生在课堂上实时进行各种题目的答案选择。

在语文课堂中孩子们通过平板抢答进行词语的朗读，而后通过对答题反馈的数据进行分析，调整授课进度，教师通过反馈的数据了解学生实时听课的效果，有效调节语速、情感以及讲课速度等。在古诗教学中，教师提前将古诗的作者，以及创作的年代背景图片、视频添加到平板中，在课堂上学生可以随时自主切换寻找与古诗有关的知识进行学习，既有助于对古诗的理解，又有助于课外知识的拓展。此时的小平板正在散发着知识的"光芒"。这种通过让小平板"发光"在课堂上互动教学的方式，与传统的教学方法相比非常新颖，能够提高学生的学习兴趣与热情。

（2）让答题器"圆梦"——提高学生参与课堂互动的广度

教师通过云平台提供的标准考试、随堂测验等多样化的评测方式掌握作业的数量和学生接受情况。在语文课测试前，教师将课件导入或当场设置当天学科考试试题，将对应知识点、正确答案、答题得分进行设置；然后开启考试倒计时，每位学生人手一只互动答题器，对照试卷题号按下手中的答题器进行客观题作答；考试时间结束，系统自动收取学生答题信息，自动批改，短短几分钟，教师就获得了考试成绩报表，考试成绩一目了然。不用拿笔作答，不用人工阅卷，省时又省力。同时，也能清晰明了地看到哪道题学生的正确率较高、错误率比较高，针对错误率较高的题进行详细讲解。

在英语课堂中，你会看到孩子们运用答题器中的智能语音识别功能读单词，读句子。通过对反馈的数据的分析，可以详细了解到课堂中孩子们读了多少单词、多少句子，发音是否标准等每个孩子每一次说话的情况。

能够促进孩子们的主动性，提高学生参与课堂互动的广度，从而提高课堂的效率。

3. 解作业批改数据之谜

对于教师来说，可以随时查看作业情况，自动收集汇总上来的所有学生作业并对作业状态进行分类管理。在数学课堂中，你会看到判断选择等客观题自动批改统计数据，应用题等主观题采取打分或判断对错等形式进行手动批改。教师采用原笔迹批阅和文字输入评价并将批阅结果及时反馈给学生。大多数情况，数学教师将重点难点作业加入讲评。将某位学生的平板进行广播，由该生进行某道题的讲解，其他学生对该生的讲解进行评价。在数学课堂上，你也常常会看到教师进行一键批改，批改完成后自动生成相应报表以数据形式来出现，教师根据数据报表对学生错误原因进行分析。例如，在做选择题时，根据反馈报表可以看出，全班共30人，有26人选择正确答案A，有2人选择错误答案C，有1人选择错误答案D，另外还有1人未作答。亦可以清楚地看到学生选择每个选项的百分比。根据反馈的数据可以进行分析，对于这道题掌握的学生占总人数的86.7%，未掌握的占13.3%，进而对选择错误答案的同学进行一对一询问讲解，及时解决疑问。对于未作答的1人进行一对一询问，了解其具体原因，到底是因为做题速度慢，还是注意力不集中等原因进行疏导解决。

对于学生来说，课后可以利用平板电脑完成老师布置的电子作业，作业既可以在线缓存，也可以离线作答，学生可以采用不同形式的作答方式：原笔迹书写作答、拍照或采用录音录像方式作答……呈现出不同的效果，实现交流互动化。同时，孩子们能及时了解自己每个阶段的详细学习情况，错题自动归集到错题本中，学生可以随时攻克温习。通过数据对每道试题知识点统计分析，可以更加便捷地得到学习效果的及时反馈信息，明确自己学习中的长处和不足，有的放矢进行查漏补缺。有利于吸引学生的注意力，同时推动学生思维发展，层层递进。

另外，孩子们课后可登录资源管理平台，点播回看课堂上的教学内容，对课堂所学重点难点知识点进行再次复习，通过在线求助向师生发起求助，针对课内外的疑问，进行在线提问，师生随时参与答疑进行讲解。教师亦可以通过学生留下的不同想法来反思教学，支持其专业发展。同时，教师也可以将学生优秀答疑内容设置作为"最佳答案"，也通过班级空间与同学、老师展开师生互动、生生互动。学习平台能够实时收集学习成果数据，促进课堂生成，实现交流互动的立体化，促进师生思维碰撞。在美术课后，你常常会看到孩子们观看回访的记录，在虚拟空间里不断对优秀的美术作品进行深度识读图像、作品鉴赏，进而完善自己的作品，同时提高自我的鉴赏水平和能力。

4. 解结构化和非结构化数据之谜

学习者产生及发布的数据在教育云平台中有大量的记录，分为两类：一类为结构化的数据，像练习成绩、登录次数、学习时长等在学习过程中产生的有明显特征的数据，另一类为结构化和非结构化的数据，像评价、提问与回答、点赞等在学习交互过程中产生的。例如，《生活中的数》这堂数学练习课，学生学习时长普遍为40分钟，个别同学因请假未到课显示时长为0。该堂课教师提问15次，学生回答30余次，并且获得表扬加分的学生达到25人……

课程结束，教师根据学习平台中学生活动的参与数据，收集孩子们参加活动信息，活动包括到课、课前完成预习、随堂测、作业完成情况、参与投入个人提问回答、动态发布回复、讨论发言、课堂抢答等。根据学生参与活动次数等数据说明学生的学习态度是否积极。教师通过数据统计更好地关注每个学生的个性化学习体验，及时了解所教班级个体或整体的学习情况，同时对新知识的学习进行展望，真正达到教学目标的可测可评。而学生可通过课堂内外的学习数据统计，适时对自己的学习情况进行了解，有针对性地查缺补漏，更有效地提升教与学的效果。

### （二）平台数据＝"情感"数据

综上所述，随着数字教育资源的不断创新和发展，利用数据进行学生学习情况的观察，不仅能全面地了解学生的学习情况，还能获取学生改变学习状态的优化方法。数据是学生学习情况的直观表现，通过数据对学生行为进行分析，便于学生不断更新和完善自己的学习。同时，有利于教师针对每一个学生制订更合理的教学计划和教学进度，在教学中不断探索发现新问题，从而做到真正意义上的因材施教。平台数据就能够生成有情感的行为数据。

## 六、发展学生个性的项目式学习

近年来，尤其是《中国学生发展核心素养》发布以来，指向能力发展的项目式学习越来越受到学校的青睐，并被广泛应用于学校的教育教学中。什么是项目式学习？项目式学习是一种以学生为主体，链接真实世界的事件，在一段时间内，团队共同解决一个复杂问题或完成一项综合性任务，学生经历全过程，通过亲身体验、深刻理解来获得核心素养发展的一种学习方式。高质量的项目专注于核心概念，反映学科核心内容与外部世界的关联，是强调真实性、应用性、逻辑性的学生主动学习。

### （一）项目式学习的内涵

项目式学习全称为基于项目的学习（Projectbased learning，简称为PBL），也有人称之为项目化学习。项目式学习是当前学习方式的一种重要补充，包括学科内综合和跨学科综合的项目。五个基本环节依次是选择项目、设计方案、完成项目、交流展示、评价改进，其典型特征是综合性、复杂性、实践性、开放性、体验性等。

项目式学习是培养创新型、复合型、解决未来问题人才的重要学习方式。学生以团队的形式，完整地经历提出问题、规划方案、修订方案、解决问题、形成成果、展示交流、评价改进各阶段。在持续互动中，经历复杂推理、思辨决策、远端迁移等综合性、复杂性的问题解决过程，创生意义，获得知识与技能，实践应用能力、迁移创新能力、跨领域合作沟通能力等不断发展，学科观念、思维方法逐渐形成。

一是在选择、确定项目的过程中，提高学生观察世界、关联思考、提出问题的能力，这可以改善学生解题多、解决别人的问题多、解决单学科的问题多、解决纸面的问题多的现象，还可以提高社会责任感；二是在设计、修订方案的过程中，提高学生跨学科思考、整体设计、选择方法、形成思路和解决方案的能力；三是在实施、完成项目的过程中，提高学生动手实践、设计产品、制作产品的能力，提高学生承受挫折、寻求多种解决方法的能力，使学生逐步学会时间管理和项目管理；四是在交流、展示的过程中，提高学生总结提炼、学术表达、有效沟通的能力，使学生全过程体验、感受成功带来的愉悦；五是在反思、改进的过程中，提高学生接受反馈、与同伴对话、深入分析、反思改进的能力。

### （二）项目式学习的特征

实施项目式学习的关键人物是教师。项目式学习强调价值理解而非拥有知识，强调教师指导实践而非正确地解析知识，强调跨学科育人而非学科孤立。这些对于绝大多数学科专业出身的教师来说，挑战巨大。教师可主动学习，经历项目式学习的全过程，这样有助于设计项目式学习的课。

首先是根据阶段性育人目标来选择项目。教师能够自己或者和学生一起选择好的项目，是新时期教师的教学基本功之一。学科内项目式学习，要基于学科课程标准、教学内容和学生已有经验来整体规划，要考虑是否涵盖了学科核心知识、承载着学科思想方法，理清内在的逻辑关系。跨学科项目要基于不同阶段学生发展核心素养的目标，链接学生身边的实际问题、社会热点事件，也可以是工农业生产、经济生活议题等，要求真实、可操作。

其次是设计核心素养实现情况的评价工具。项目式学习的评价内容、评价方式与常规评价有本质差别。从过程来看，要评价学生学习的投入程度，包括专注度、参与的深度和广度；从合作来看，要评价学生小组内分工、合作的水平，给团队的贡献程度；从结果来看，要评价学生阶段性收获、成果和继续学习的愿望。学习过程决定实际获得，过程性评价是项目式学习的主要评价方式。

第三是设计项目式学习的活动和实施方案。学习活动的设计强调任务型、结构化。根据学生的认知发展水平，可以对项目进行适当拆解，设计大任务、小活动，合理安排课时，给学生独立思考的机会。要特别关注课时之间的逻辑关系、体现解决问题的思路等。要引导学生小组合理分工，自主设计并实施项目方案，解决问题、展示作品，学习评价与之相伴。

开展项目式学习，还要避免一些误区。一是脱离课标，过分强调综合而忽视学科知识的重要性。学科与跨学科学习要同时推进。二是强调学生主体，忽视教师教的作用。学生主动学习，并不意味着教师完全放手，而是需要教师转变角色，从知识的传递者变为项目式学习的规划者、引导者和支持者。三是追求形式，忽视学生实际获得。形式为育人目标服务，不是越多越好，虚假项目式学习不可取，判断依据是学生的实际获得。

### （三）项目学习的意义

传统教学中，常常把一个教学内容的主题分解成若干便于课堂教学的小板块，小步快走，逐一完成。与之相对应的，项目学习则完全相反，采用的是大步慢走的策略。项目学习一般都从项目的发布开始，这个项目当中蕴含的要么是综合化的，具有相当的复杂性和挑战性的大问题，要么是直指本质的核心问题。

例如，项目学习"高空抛鸡蛋"，项目要求是把一个生鸡蛋从四楼抛下，满足如下条件：鸡蛋不能摔碎；要落在指定的区域；保护装置尽可能美观；保护装置价格尽可能低廉；每组只提供两个生鸡蛋作为实验材料，其中一个用于最终的作品实验。这样一个项目属于具有复杂性和挑战性的综合化大问题，需要兼顾减震、准确性等科学问题，还要考虑包装设计等美学问题，又要考虑造价低廉的工程问题，更因为鸡蛋个数少需要考虑替代物品用于模拟实验。这么多的因素需要学生综合考虑之后进行取舍，还需要有一个行之有效的整体实施方案。

在项目学习的视域中，通过项目让问题所有的复杂性和挑战性都呈现出来，学生直面真实而复杂的问题情境，需要通盘考虑问题的各个方面，自己制定完成项目的规划方案，并且分解成若干需要解决的二级子问题。

这样的过程，知识不再是单纯的知识，而是基于学习情境的意义化的建构，是学生建立知识之间的及时联系、把各种散点化的知识碎片按照项目要求进行有意义的结构化重组的过程，这样的过程恰恰是传统教学中最为缺少的。

项目式学习，是一种综合性、体验式的学习活动。它以活动（项目）为载体，并通过活动让学生学习知识、习得能力、发展品格。教师需要全面开放学生的学习资源和学习时空，让学生真正实现自我学习和探究，并在学习和探究中主动攻坚克难、不惧挑战。这是深度学习的需要，也是发展学生核心素养的必然选择。

# 第三章

# 效能延伸　回归实际教学

在不断地探索与实践中，以新技术为驱动的个性化教学改革，为学校教育教学工作带来了全新局面。

## 第一节　学生层面

个性化学习对主体性的强化。基于新技术的个性化学习让学生打破了以往只能"同步学习"的束缚，自主、自立学习能力得到加强，个体的学习愿望得到最大化的满足。

个性化学习对主动性的促进。教学平台实现了学生在课前、课中、课后三个时段的即时交流学习资源、交流学习感受、互相评价作业，实现了学习过程中全员、全程与全时空的一体化互动。互动是主动的最有效形态。

个性化学习对多元化学习的牵动。学生通过对资源的查找、汇集、对比、借鉴，提高了收集处理和运用信息的能力。通过信息量的扩大，更加促进学生发现问题，提出问题，寻求帮助，直至解决问题，在原有的知识面上实现个性化的突破和发展。

## 一、PBL学习助推学生个性化发展的探索

当知识的获取方式逐渐固定为"言传"时，什么样的学习方式是更适合孩子并且更有效的，成为了文艺二校教育人每天在不断研究、困惑、思考的问题。

什么是PBL项目式学习？PBL项目式学习（Project Based Learning，简称PBL），即"基于项目的学习"，是指学生在一段时间内对真实而复杂的问题进行探究，并从中获得知识和技能的过程。国家的教育改革正在如火如荼地进行，PBL项目式学习正是响应教育改革的范例，它不仅关注各科知识的学习，同时也关注学生的批判性思维能力、解决问题的能力、团队协作能力和自我管理能力的培养。与传统的教学模式相比较，PBL项目式学习有助于学生综合能力全面发展。

### （一）为有源头活水来——PBL探秘

1. PBL与深度学习

在促进学生深度学习的学习方式中，PBL项目式学习无疑是其中较为有效的一种实践模式，是引导学生在问题解决中开展深度学习的一种有益尝试。PBL项目式学习是以完成真实的事情或任务为目标，旨在促成学生学习状态、学习内容、学习方式以及学习结果等方面的变革。

在学习状态上，PBL项目式学习要求学生从被动的接受者转向积极的探索者，从被动参与到主动参与，真正激发学生的内源性动机。

在学习内容上，PBL项目式学习的价值在于围绕一个富有挑战性的主

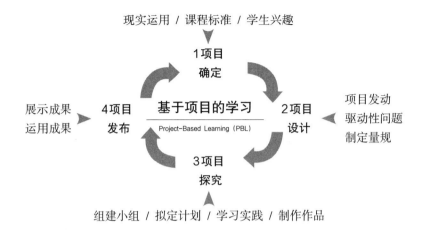

题，整合学科内甚至是跨学科的学习内容，促进学生综合理解，实现学生的综合发展。

在学习方式上，PBL项目式学习要求改变以往以知识传授为主线的教学方式，用更真实、更综合的项目引导学生展开学习，让学生在问题解决中实现学用合一。

在学习结果上，PBL项目式学习强调学生的实践创新，让学生在探究与创作中形成一定的作品，例如建立模型、设计方案、创编话剧等等。

由此可知，PBL项目式学习具有内源性、整合性、实践性以及创生性，而这四大特性恰好是深度学习的本质之所在。

2. 如何进行"PBL项目式学习"

PBL项目式学习是促进学生深度学习、实现核心素养发展的重要途径。PBL项目式学习是一种以学习、研究学科的概念及原理为中心，基于一个挑战性的真实难题，学习者以小组的形式，通过亲自制订计划、调研、查阅文献、收集资料、分析研究等活动，在一定的时间内解决一系列相互关联的问题，并将学习过程以产品的方式呈现出来的学习方式，具体有以下几个步骤：

一是提出问题，教师与学生一起确定一个有挑战意义的项目。需要注意的是，项目所需要的知识和技能，是学生有可能掌握和完成的；二是制订计划，围绕项目主题展开讨论，制订如何完成项目的具体计划，包括方法、时限和分工；三是实施计划，小组成员按照各自的分工展开工作，成年人可以作为信息联络、监督鼓励的角色，协调学生分工与合作；四是评价反思，在项目计划实施过程中，要及时召开沟通和讨论会，对相应阶段和角度的工作进行汇报和评估，对不适合的地方进行及时调整，包括工作方法和人员调配；五是调整计划，针对实践当中发现的问题进行相应的计划调整，继续推进计划实施；六是展示成果，学生以自己的方式展示和介绍成果。

**（二）隔着屏幕的深度学习——宅家的PBL**

"生活就是教材，危机就是契机"，新冠肺炎疫情的危机，恰恰也是我们静下心来思考怎样才是真正的"教"与"学"的契机，思考如何引导学生成为真正学习者的契机。突如其来的疫情，影响了学生正常开学，但同时也给了学生们不一样的学习体验。疫情期间，文艺二校紧抓时机，寒假期间组织全体教师学习"停课不停学"精神，确定了开学后线上教学的大方向——做PBL，并统筹了综合实践、科学、美术等学科，实现学科的融合，确定了《科学防疫》《垃圾分类》《我与植物交朋友》《居家小达人》等几大项目式学习主题，涵盖抗疫、学习、生活等各个方面。引导学生通过宅家观察、发现、阅读、思考、劳动、绘画等方式走进生活，认识世界，创造了形式多样、内容丰富的项目式学习作品。

1. 垃圾分类，你我同行

疫情期间，文艺二校科学教师组织学生开展了《垃圾分类，你我同行》这一主题的项目式学习，研究什么是垃圾分类，为什么进行垃圾分类，如果不进行分类又有什么危害。问题提出后，同学们就展开了调查。整个活动分为垃圾分类——理论篇和垃圾分类——实践篇，教师结合一年级孩子的特点，设置了大量的在线游戏，增强学生的学习兴趣。本次项目式学习依托线上教学，教师指导学生利用各种学习工具，查找各种相关资料，对垃圾分类相关问题进行深入探究。学生在家长协助下调查相关资料，了解垃圾分类重要性，认识垃圾分类，培养社会责任感并完成垃圾分类手抄报，使学生在学习相关知识的同时，更掌握艺术创作技能。这一主题的项目式学习，可以说全面推进了垃圾分类教育，让学生意识到垃圾分类不是一次活动，也不仅仅是一个项目，而是一次只有开始没有结束的工作。

2. "京"典流传，独"剧"匠心

为了让更多的学生领略国粹艺术的魅力，感受传统文化的韵味，传承京剧艺术，疫情期间，学校综合实践学科组织了以《"京"典流传，独"剧"匠心，你愿做传承人吗？》为主题的项目式学习研究。在项目学习中，学生根据兴趣，在家人或小组同学的共同配合下收集和查找有关京剧的不同内容，有的研究京剧的行当、有的研究京剧的脸谱、有的研究京剧的服装、有的研究京剧的头饰，孩子们将研究内容做成成品在线上进行全班展示、分享。这一主题的项目学习，不仅让师生近距离地感受艺术的魅力，更让广大师生感受到作为国粹的京剧的精髓，相信戏曲的种子已经播撒入孩子们的心中。

3. 设计校园防疫标志

为了提高疫情期间学生的安全意识，增强学生的社会责任感，文艺二校设计以《设计校园防疫标志》为项目式学习主题，组织学生在疫情期间为校园设计一款防疫标志。项目进行初期，教师提出与此次疫情相关的问题。如"病毒为什么会威胁到人类""面对病毒的侵袭，我们有哪些选择"等等。组织学生按照个人兴趣进行分组——资料收集小组、实践行动小组、创意设计小组等，分别设指导教师1名，设学生组长1名、副组长2名，小组成员共同以任务驱动的形式开展活动。为了完成这一项目的学习，学生要系统学习并了解新型冠状病毒以及相关科学防疫知识，并根据教师提出的问题，家庭成员之间进行相关的话题讨论并将讨论做成会议记录分享；学生要在任务驱动下寻找生活中的标志，了解生活中无处不在的标志；要通过观察、分类、总结标志特点，了解标志设计的基本原则与方式，最终小组合作确定标志设计的主题、构思，最终设计出大家满意的校园防疫标志，最终经过交流、评价、反思，完成该项目。

4."豆"你玩

在《我与植物交朋友》这一主题中，美术教师提出如下驱动性问题：每一粒豆子都是一粒种子，每一粒种子都有一个故事。如果有一天，这些色彩缤纷、形态各异的豆子突然聚在你面前，将会发生一个怎样的故事呢？在PBL项目式学习中，学生经历了如下学习过程：（1）阅读分享豆子主题童话，总结分析豆子童话的特点。（2）学习如何确定豆子画主题，让画更有故事性，探究分析好的豆子画具备什么特点。（3）制作豆子画，总结制作过程中有哪些小技巧和注意事项。（4）对豆子画进行创意写作。通过小组交流讨论，大家脑洞大开，出现了丰富的故事题材。（5）加强句式训练，学习怎样使语言更丰富。（6）两次修改、互评。（7）结题展示，豆子画展览。演讲介绍自己的豆子画作品，总结收获，师生在线投票选出"十佳"作品。

PBL是一个能够培养学生各学科综合能力的项目式学习模式，在学习过程中破除了学科壁垒，使之不断交汇融合。更重要的是，PBL能培养学生的团队意识，开拓学生的思维，提升学生综合能力。PBL项目式学习基于真实的生活问题，给了学生们新的尝试、新的挑战，PBL项目式的学习给学生带来的知识是终身受益的，学生勇于挑战自己、战胜自己、提升自己，这将会成为他们小学时代久久珍藏的回忆。

## 二、让学生实现个性化"益智"——STEAM教育

教育改变人生，技术改变教育。随着"互联网+"时代的来临，信息技术迭代更新，在各行各业落地开花。相关政策更是提出现代化教育教学要与信息技术进行深度融合，培养具有创新思维和创新能力的一代新人，顺应教育信息化的发展趋势。而STEAM教育正是旨在培养学生的创新实践能力，让学生对所学所悟进行综合性运用，以此促进学生能力的全面发展。那么在信息化的浪潮中，又将如何开展STEAM课程呢？文艺二校在信息化技术支撑下，落实以生为本、教学创新、深度学习、全面育人的理念，培养学生核心素养，实施建设STEAM课程，意在多元助力学生提升创新精神与实践能力，增强学生的社会责任感，全方位提升学生的综合能力。

### （一）教育信息化视角下的STEAM教育

《教育信息化2.0行动计划》提出从1.0到2.0有三个重大的转变：第一从数字教育通用资源向大资源转变，第二注重信息技术应用能力向信息素

养转变，第三从融合应用向创新发展转变。

STEAM 教育是科学（Science）、技术（Technology）、工程（Engineer）、艺术（Art）、数学（Mathematics）教育的简称，重点旨在打破学科领域边界，培养学生超越学科限制的科技、理工、人文、艺术综合素养。STEAM 教育具有跨学科、趣味性、艺术性、体验性、情境性、协作性、设计性、实证性、技术增强性等特征。STEAM 教育以整合的教学方式，注重实践和过程，强调解决真实问题；倡导"做"中"学"，强调知识与能力并重；强调创新与创造力培养，注重知识的跨学科迁徙及其与学习者之间的关联。

信息化2.0与STEAM教育在某种意义上是目标一致的，是同步向前的，都是朝着融合与发展的方向。信息化2.0是信息技术与教育教学的深度融合，STEAM教育是各个学科之间的深度融合。而二者的根本目标都是致力于培养全方位创新型人才。STEAM课程的实施势必要在信息化的支撑下进行，而STEM教育也是信息化2.0的重要组成部分，所以它们之间的关系是相辅相成，相互支撑的。

作为教育者，肩负着教书育人的重要使命，思维理念更要与时俱进，能够用现代化信息技术手段辅助教学，落实STEAM教育理念，打破传统的单学科教育方式，探索与构建全新的课程模式，使教学更加丰富、完整、灵动，培养具有创新精神和实践能力的新人。

**（二）信息化支撑下STEAM课程的实施**

1. 环境建设——动手实践，发散思维

拥有小叮当是每个孩子的愿望，每个孩子更想自己就是小叮当。文艺二校就给她的学生们一个这样的机会。"小叮当工坊"以孩子们喜爱的动漫形象命名，是文艺二校基于 STEAM 理念创建的创客教育实践中心，意在激发孩子们的创造力，鼓励孩子们人人敢想，人人爱做，人人争当小创客。

（1）多区域引领创新本能

建创客实践中心的初衷，就是鼓励学生们从小就树立创新意识，敢于创造、勇于创新。

创客实践中心分为六个区域，手工制作区、3D 数字制造区、智能硬件区、科普创客区、益智与发明区、虚拟现实和物联网体验区，每一个区域都有专业的教师负责指导孩子。工坊采取任务驱动的管理模式，为爱好创新的孩子们提供交流空间、实验设备和展示平台，让孩子们在创造中寻求快乐，收获自信。

孩子们在创意工坊中发挥着奇思妙想，可以随时领取表格，将自己的想法写下来，我们的老师会从中选取一些有新意、有创造性、有可操作性、应用空间较大的项目，有针对性地进行辅导，帮助孩子们进行科学实践。3D 创意笔随手一画，就能把孩子天马行空的想象变为现实；创意连线在孩子手中拼成各式各样的车辆，有的带螺旋桨，有的带发动机；物联网体验区更让孩子们了解最前端的科学技术，改变光线就能操控台灯……创造是一种本能，能让学生完成自己的设计，会带给他们前所未有的成就感。

工坊为爱好创新的孩子们提供交流空间、实验设备和展示平台，采取任务驱动的管理模式，是学校创客教育课程的拓展延伸，能够有效地培养孩子们的科技意识、实践能力和团队精神，激发孩子们的创造力。

（2）细节营造创新氛围

小叮当工坊不仅设备先进，每一件装饰、每一个小配件，也都有自己独一无二的创新之处。书桌的高度可以根据不同年级孩子的身高来调节；静静生长在墙壁上的无土壤智能绿植，通过鱼缸中的金鱼就能获得养分；插线板不在地上而在空中悬挂，随时随地移动以便孩子们充电；一排排电脑没有主机，而是用微型"树莓派"来主导电脑的运作，为孩子们节省活动空间……

"小叮当工坊"里每一处小细节都凝聚着设计教师的心血，无论是闲暇上网，还是日常出差，只要看到能拓宽孩子们眼界的东西，都会想把它们搬到实践中心来，帮助孩子们长长见识。在这里，我们不仅是想给孩子们提供最先进的设备，更希望在每一个细节为孩子们营造创新创造的氛围，激发出孩子们的无限潜能。

2. 课程建设——高屋建瓴，凸显核心素养

学校以"责任教育"为核心，以核心素养为课程基点，创造性地将国家课程、地方课程、校本课程有机整合，整体建构多学科融合的STEAM校本教程。

STEAM课程是对学校学科课程内容的补充，内容涵盖五个学科领域，让学生将各科知识融会贯通，通过动手实践将知识外化并学以致用。课程内容循序渐进，紧贴托架课程标注，依据学生的认知发展规律来选择合适的教学内容，让学生的知识、能力、态度稳步提升。课程注重科学探究，让学生在"做中学""玩中学"，在探究学习中实践创新，培养学生的实践能力、思维能力和创新能力，全面提升科学素养。在内容设计上通过生活情境、科学史等渗透大量人文精神，培养人文关怀。

（1）课程整合，魅力无限

课程设计的灵感最早源自国外的STEAM课程，就是一种基于项目实施

的综合课程，它不强调学科本位思想，而是更注重多学科知识与技能的融合，利用所学解决生活中的实际问题。

《四叶草综合课程》是以学生的经验与生活为核心的实践性课程。它以综合实践学科的研究性学习为主要学习方式；以地方课程教材为主要主题内容；以信息技术为主要技术支持，是一种基于学生的直接经验、密切联系学生自身生活和社会生活、体现对知识的综合运用的新型课程形态。它具有整体性、实践性、开放性、生成性和自主性的特点。课程的基本理念是：坚持学生的自由选择和主动实践，实现学生学习方式的变革；面向学生的生活领域，帮助学生体验生活并学以致用；关注学生对方法与过程的体验，重在培养学生的问题解决能力。

（2）以木为乐，独具匠心

"木+创客乐木课堂"是目前国内最全面、系统、安全的创客木艺课程。课程以中国传统的木工技艺为核心，以木这种最天然、环保的材料为载体，同时融入了STEAM教育，用木艺为载体，将科学、技术、工程、艺术、数学深度融合，让学生在玩中学、做中学，重实践的跨学科教育。课程集知识性、技能性、艺术性、趣味性于一体，在拓展学生视野的同时，培养孩子们的创造力、意志力、动手能力及"工匠精神"。在专业木艺环境中，让学生体验动手尝试性教育，培养学生的观察力、专注力、意志力、创造力和领导力，智商和情商共同发展，成为未来社会需要的综合型人才。也起到了推广儿童木艺木育教育，让更多的学生接触中国传统手工艺，使中国传统文化能够得到更好的弘扬和传承。

（3）多元课程，张扬个性

根据学生科技社团兴趣方向，开发电子线路课程、机器人课程、"木+

乐"木艺课程、创意沙画课程。实现专项领域入门到精通全过程，着重培养学生的跨学科设计与实践能力。

机器人系列课程：包括韩端机器人足球课程、WER机器人越野课程、WER机器人工程课程、乐高机器人课程、中鸣机器人课程。课程根据年级不同分为机器人基础课程、机械搭建课程、机械传动课程、机械电子课程、机器人编程课程、机器人综合课程、机器人体验课程。通过学习机械搭建、动力传动、编程与控制等知识模块，培养学生科学实践能力、创新实践思维，在趣味课程中学习机器人综合性知识。

学校自主研发的校本课程异彩纷呈，彰显学生个性，为培养全方位人才做了多方面准备。从确定课程内容、编写整合教材、培训授课教师、开展教学研讨、规范师生评价、收集课程资源等方方面面无一不倾注了校方和老师们的心血，只为了能让孩子在创造中寻求快乐，收获自信。

# 第二节　教师层面

新技术促变教师"三观"。一段时间以来，我们所说的"观念超前"既是一种改革创新的追求，也是一种现实的无奈：因为实践抓手不够，造成观念在前、实践滞后的窘境，观念不落地就会渐渐褪色。新技术的到来，学生观、学习观、评价观有了催化剂和试金石，极大地推进了教师的教学研究向学生的个性需求无限接近。

新技术促进教师"三能"。云平台的开发、建设与使用，促进了教师的信息化应用能力、面向个性需求的资源开发能力、基于新生态的教科研能力的提高。学校形成了具有较强能力的数字内容制作团队和新媒体传播推广团队，学校的名师IP、课程IP、项目IP等核心教育资源，形成了不断的增长与裂变，激发出更多教师的积极性和创造力。

新技术促成教师"三通"。学校云平台不仅提供了丰富的学习功能，还高效地实现了工作"三通"：研学通，平台本身就是一个快捷便利相互学习、共同切磋、携手提高的终身学习的平台；校区通，集团不同校区的教师不因区域而有距离感；家校通，教师可以和家长全天候地进行交流。

# 一、技术支持下的学习与发展共同体

在集团化办学中，将学校打造成"学习、发展共同体"成为学校内涵发展的重要抓手。在信息技术高度发展的今天，在大数据技术、虚拟现实技术等先进技术的支持下，学校正由传统理念中以传递知识的组织机构，逐渐成长过渡为关注需求，强调主动创造，更加尊重个性差异，更加注重终身发展意识和能力的"技术支持下的学习与发展共同体"（以下称共同体）。

## （一）"学习、发展共同体的学校"理解

学习共同体的理念最初由美国著名教育家杜威提出，日本教育家佐藤学对学习共同体的理念进行了发展。"学习、发展共同体的学校"应是学生协同学习的场所，是教师作为教育专家共同合作的场所，是家长和市民共同合作的场所，学校同时追求公平与质量，学生的成长、教师的专业发展与学校、社会的发展同步进行。通过技术的支持，让学习发展的开放性、包容性、互动性等得以实现，共同为文艺二校实现"师生共同成长，家长与社会满意，规模与质量双赢"的集团发展愿景而努力。

学校——技术支持下的学习、发展共同体

### (二)"学习、发展共同体的学校"特征

技术支持下的共同体是借助信息技术实现教育教学方式和学习者学习方式的优化和转型，以期达到丰富学习者体验和精神世界的目的。主要特征如下：

#### 1. 行为主体性

共同体作为一种新的教育样态，不仅是教育的对象，更是教育的主体。通过发挥其主体性，寻找策略、实践探索、激发潜能，成为教育改革的内在动力。

#### 2. 系统开放性

共同体中学生、教师、家长、社会人士、领域专家成为相互作用的学习者，学校的围墙逐渐被打破。学习时空从单维向多维的无边界转变，技术促进了学校的变革。从时间维度来看，学习时间不再局限于单一的课程教学，学习者在技术的支持下能够在任何时间进行即时学习或碎片化学习。同时，在移动互联网的影响下，学习时间贯穿于课前交互、课中交互和课后交互的始终。从空间维度来看，技术支持下学习空间从现实空间走向虚拟空间，由封闭、固定的学习场所走向开放、自由的网络空间。教育资源的普惠化使得占有知识不再是少数人的特权，学习者可以通过在线教育网站、运用移动设备或终端进行形态各异的交互学习，共享丰富的线上和线下学习资源。

3. 成员组织性

共同体学习发展的开放性让学习无边界，可时时、处处发生，有泛在化学习的特征，但它并不是零散的、无规律的、无组织的。相反，它具有高度的组织性，是拥有严谨组织机构的，由学校、教师助学，组织起来的，以责任依从关系和人际交往性关系联系在一起的有目标的综合体。

4. 技术融合性

技术支持下的共同体体现出学习与技术双向互动融合的特征。不是单方向的技术应用于学习，而是彼此靠近，优势互补，寻求连接点与共同点，产生实质的、有意义的联系，最终让技术发展和教学理念不断演变成为一体的过程。融合实现技术环境下的学习系统性的改造与流程革新，建构起整合型的学习新形态，为学习者的学习与发展提供信息化空间。突出学习交流的开放性，时空的超越性，操作者的交互性，传输的高效性。

5. 愿景一致性

共同体是学习者共同学习共同发展的协作体，只有愿景一致才能让组织有序、动作协调、行为有效、成果凸显。共同体必须对学习者实施全面发展的教育，是以发展学生的个性，提高学生的整体素质为终极目标的。

**（三）学习、发展共同体的实现路径与策略**

文艺二校多年来一直致力于信息技术与学习发展的深度融合与创新的探索。坚持以人为本，把"让每一个学生得到发展"作为重要目标；云课堂、云平台的建设作为技术创新的重要途径；将"创客教育"定位为推动学校技术与实践结合的特色项目；把远程视频系统作为连接集团内各校区甚至不同区域的纽带；充分发挥网络平台互联、互通、互动的优势，初步构建网络化、数字化、智能化、个性化的教学体系。几年来，通过技术创新探索，开放式、智能型的"学习与发展共同体"的学校新样态已初现模型。主要通过研发搭建平台、升级课堂策略、重构课程体系、促进专业发展、改变评价方式等策略，多方面联合发力，构建学习发展的共同体。

1. 研发搭建平台，串通共同体建设的连接点

学习与发展的共同体是一个大体量的、开放的、互动的、共享的、包容的学习协作体，要运用技术促进意义学习的发生，是突破课堂时空界限，贯通课堂内外，联通课堂人际交往和虚拟社区交互，混合实体课堂和在线学习的重要转向。平台的搭建、信息的融入、数据的分析等成为学习者互通有无的连接点，形成密织的联系网。学校与企业合作，双向发力，实现技术与学习的深度融合，研发搭建学习平台。

（1）"文艺二校教学云平台"

基于云计算技术，采用"浏览器/客户端+ web/socket 应用服务器+数据库服务器"的多层构架。学校教育云平台的实施，通过逐年改版升级，拥有八大板块、二十余项功能，与国家、省市电教馆资源库及集团迷你云相链接，配套资源达到上千个，可以实现 windows 与安卓系统通用。同时植入了目前网络排名前十的自主学习和互动学习软件，并且自主研发了实现课堂微观察的"座位评价"APP；提高注意力训练时效的"舒尔特表变形"APP；能够实现课件、黑板、白板、音视频等界面之间无缝切换的微课录制软件等。

（2）"5G+远程平台"

学校与辽宁省移动公司合作，搭建了"5G+远程平台"，通过"5G、高清摄像头、人工智能"模块与教育场景深度融合，打造出实时高清互动的双师课堂。发挥互通、互联、互动的平台与网略优势，实现多校区教学教研的共建共享。学校还利用远程平台与省内省外多所学校互联互动，实现了跨地域的教学研讨，打破学校围墙的"一校带多校""名师名校资源共享"，让更多伙伴参与到学习共同体中。同时5G环境以高速率、低时延的特点，为学校积极探索拓展全息课堂、AR/VR沉浸式教学、虚拟实验等应用提供了可能与便捷。

2. 探索课堂结构，夯实共同体建设的着力点

学习与发展共同体的总目标是让每一个学生都得到发展，最终指向的是学习。在信息来源多元、创新的时代，知识要靠学生自己获得，不能靠教师灌输，智慧内化需要教师和学生共同学习。课堂是教育教学的主战场，具有"课程内容承载"和"教学活动空间"的双重内涵，是教育信息化对学生学习产生影响的着力点。课堂策略不断升级，呈现出以技术服务学习，优化学的条件；以技术理解学习，探索学的过程；以技术促进学习，拓深学习结果的课堂结构改变。即通过优化课堂来作用于学生，改善学习，为学生的个性化发展服务。探索中学校经历了三次革命，达成了三种主题样态，以达到"转变学习方式""提升学业水平"和"改善综合素质"的三重境界。

（1）教学模式探索的三次革命

第一阶段：基于网络环境下的互动教学模式探索；

第二阶段：基于数字化环境下的一对一教学模式探索；

第三阶段：基于智慧校园环境的个性化学习模式（即技术支持下的学习、发展共同体的构建）。

（2）课堂教学的三种主体样态

第一种："技术支持下的线下学习"。教师以学习方式的转变为抓手，以学定教，实现技术环境下师生的共同发展。教师要从学习的角度重新来思考教学问题，让教学系统中的各要素统一于学习过程，形成共生而非对立的关系，不唯师，科学地统筹教学要素，保证学习有效性。"学思启创研"的五环责任学堂模式与教室里配备的智慧黑板的融合使用，让线下课堂不再单纯提供统一模板的教学。随着新技术融入课堂教学，可以有效地推进学生个性化学习。教师在个性化行为分析的智能环境中，充分运用技术平台和软件实时了解学生动态；学生在个性化行为分析的智能环境中，利用平台实时了解自身状态，进行个性化学习，可以充分激发创造性和想象力，促进学习者高阶思维能力发展，进行知识的迁移和应用，达到深度学习的目标。

第二种："线上学习"。学生通过平板电脑、手机、笔记本电脑等访问学校教育教学资源平台，平台根据学生以往行为表现、学业水平，自动推荐适宜学生学习的资料信息。平台连接班级行为采集数据系统，通过数据采集，平台自动分析学生日常行为、上课状态，形成过程性评价。学生通过访问平台，学习相匹配知识外，也可自主查询资料，还可以看到自身评价。依据图表，学生可以观测到自身学习状态、行为习惯，有效调节自己学习方式，自主个性化地进行知识获取。构建了智能教学生态。教师也可访问平台，整体观测班级学生动态，学生个人行为习惯，有针对性地因材施教。疫情期间，线上学习成为学生学习、师生互动的主要形式。学习者可以因需选择国家、省、市各级优秀资源平台，与名师对话，多师一生，多元互动，使教师、学生、家长、社会人士真正成为学习与发展的共同体。

第三种："线上线下结合学习"。线上线下结合学习以慕课、翻转课堂为主要形态，以大数据采集与分析系统为基础，以互联网和移动互联网为通道，依托基础云和区域私有云服务平台，充分发挥网络课堂与现实课堂融合的优势，把信息技术融入课前、课中、课后三个环节和学校、家庭两个场景，初步实现了信息技术与学科教学的高效融合，并从减负和增效两个方面入手，应用于预习、上课、作业、辅导、评测、协同教育、教学管理等各个环节，通过教师共同体构筑（教研科研）、家校共同体构筑、师生共同体构筑、学校管理与评估现代化等一系列操作实施，优化和变革教与学方式；充分挖掘大数据价值，满足学生的个性化教育需求；落实素质教育和创新人才培养战略，提高教育教学质量，促进教育均衡发展，最终实现因材施教。

多种形式的学习，更大可能地实现个性化指导，达到因人施教、因才导向的教学境界。助力学生因需而学，"把长板拉长、把短板补上、把裂板加固、把薄板强化"。

3. 重构课程体系，加强共同体建设的支撑点

在共同体的打造中，课程不仅仅是学科知识的载体，更承担起培养学生问题解决能力和创造力、支持学生个性化发展的重要支撑点。技术也促使课程体系呈现出跨学科整合的趋势。在信息技术的支持下，课程的设计通过创设虚实结合的学习情境、提供贴近真实的学习体验，甚至打破校园围墙，进入真实社会，让学生能够在解决真实的复杂问题的过程中掌握多

学科知识，形成主动学习意识，激发创造力。

　　文艺二校的"责任课程体系"侧重学生核心素养的养成。课程体现了从知识为主到素养本位的内容向导变化；从人人必修到个性选择的课程性质变化；从课堂面授到混合教学的课堂时空变化；从个体学习到团队合作的学习方式的变化；从教师权威到专业人士课程实施主体的变化。实现了课程的开放性和灵动性，呈现出以学生为中心的可选择、定制式、模块化课程体系。

　　数字化课程是其中的一个板块。用"互联网+学习"的学习方式变革、"互联网+课程"的课程资源再造……以提升师生学习能力为目标，学校历经三年自主研发的互动教学平台现已升级至6.0版本，平台的使用颠覆了传统学习方式，实现课前、课中、课后全程一对一互动学习，课堂翻转成为可能。平台已在三到六年级多个实验班逐渐铺开，涉及语文、数学、英语、科学、综合五个学科。学校将这种探索不仅定位在技术的介入，更确立在新的课程形式与内涵的生成上，称之为"一对一数字化"课程板块；而"二校微课程"是数字化课程中的另一课程板块。学校与校外科技公司合作，组织业务能力强的老师基于问题和需求录制系列微课程，累计近千节，涵盖全学科，并依托学校教育云平台和教育资源专业网站——统一教育网发布，在虚拟空间里为学生创设了另一个开放自由的课程空间，强大的功能平台和丰富鲜活的资源让学生自主学习、翻转学习、深度学习随时随处真实发生。同时，学校积极引进创客文化理念，把"让创意变为现实"的创客文化引入校园。学校投资近百万，在东校区建设了200平方米的开放式科技体验场，在总校建立了180平方米的"小叮当工坊"——创客教育实践中心。引进实践课程包括"智能机器人""电子线路""工程机械""艺术创意""3D 数字制造""物联网体验"六个板块，供四至六年级学生选学。创客课程引导学生在"玩"的过程中去发现问题和需求，在"造"的过程中努力找到解决方案，开启了孩子们创新的思维空间，培养了积极向上的生活态度和健康乐观的素养。

4. 改变评价方式，筑牢共同体建设的保障点

学生的全面发展，目前是一件理论上难以厘定、实际上难以操作的难事。传统的评价方式将考试成绩作为评估学生学习效果、改进教学的重要依据，形式单一，因为在传统条件下，面对班上几十名各具特色的学生，教师根本无法完成一对一的学习过程详细记录，他们只能依靠经验做出大致推断，造成了除考试分数外的评价标准都过于模糊。这种模糊的不确定的评价不利于学生自我认知与改进，影响孩子对学习的兴趣，没有起到真正的评价效果，最终流于形式。学校尝试通过大数据与个性化服务定制，对学习过程点滴记录，精准分析学生的学习特征，全过程做出客观的评价。以此提高学生综合评价的实时性、准确性和合理性，同时对学生学习方式的调整、教师教学策略的改进都有莫大帮助。

（1）借助平台，变结果性评价为过程性评价

学校通过与"晓黑板""出口成章""智慧星"等平台合作，进行对学生学习行为的过程性评价。平台根据学校和教师需求设计对学生的及时反馈和与家长的及时沟通。把当天的学习内容分解成板块，将学生的行为表现进行阶段性评价并及时记录在平台上，形成学生学习成长过程中的数据支持。在对学生的评价上，由终结性评价转变为形成性评价，利用信息化记录手段，以全面的、发展的评价来衡量学生的发展，建立"学生成长记录袋"；同时也可由学生和家长对教师开展反馈式评价，这里的反馈式评

价不是为了教师的评优评先，而是真正地"以评促教"，通过学生和家长的反馈改进教师的教育教学。

（2）校企合作，让大数据"慧"说话

学校借助区域平台与北师大合作，从各学科素养入手研发指向学科能力表现的评价指标体系，积极使用学科能力过程表现测评的平台或工具如"极客大数据""投票器""AR跟踪""雷达图"等，全面记录学生学习过程。大数据平台还可以生成直观的轮廓图、全面的分析报告来展示学生个体在某一个知识点上相对于不同群体的水平位置以及掌握情况。

每个班级、每个学生每学期末都能获得一份动态跟踪的"素养地图"，实现从静态评价走向动态评价，从结果评价走向过程评价，从知识评价走向素养评价，从当下学习评价走向未来发展的综合评价。还可以根据测试的目的和需要，生成相应的成绩报告单，结合测试给学校、班级、学生一些教学的建议，让学生不再凭一个总分来衡量自己的学业水平，让"成绩好"的学生知道自己不足的某些方面，让"成绩不好"的学生知道自己最需要补足的方面，实现"评价是为了改进教学"，真正促成让每一个学生成为最好的自己。

学校的多维度变革在技术的支持下让校园、课程、课堂、学习方式、评价方式都更加开放，充满变化和无限可能；让学习不再是固定空间、固定方式、固定角色的统一模式，而是符合需要的、多元的、可选的个性化的活动；让人与人的学习与交往突破时空限制，资源更广阔，互动更充分。而所有这些变化中不变的是"以人为本"，学生、教师、家长是受益最多，变化最大的。

教师之变：由于在授课中教师获得个性化教学设计以及丰富的教学辅

助手段支持，从而以更多的知识呈现方式配合差异化教学内容规划。这使教师在一定程度上得到解放，让教师在不同的教学环境和学情背景下可以实现具体情况具体分析，并采用最佳的教学方式、路径，实现因材施教，优化教学效果。教师的信息技术素养和"教""研""学""思"四位一体意识得到增强，一种充满现代感的、友好的、平等的共建、共享的研修氛围已然形成。线上全学科跨年段教研冲破了空间限制，实现了瞻前顾后、学科整合的全学科深度教研。如今的文艺二校教师，已经从一支粉笔授课变为平板与手机"协同作战"；从围桌教研变为利用先进的5G技术跨校部、跨区域研讨；早晨到校的第一件事不是打开书本，而是开启智能化平台查看数据与报表；课后的辅导成为了一种图像、语音、视频相结合的方式，偶尔还会请AI来帮忙。

学生之变：校园中，走进图书馆，一体机里链接的是沈阳市儿童图书馆几百万册的电子图书，并且能借助人工智能帮助实现海量搜寻、瞬间筛选；走进朗读亭，把自己的配乐配画的朗读作品录下来，通过手机发送给家人朋友；走进实验室，屏幕上的科学实验包可以随机点取演示；走进创客室AR、VR的沉浸式学习随时发生……宽视野、多层次、多形态的资源获得和全员互动，使学生获得交互学习的愉悦，从而进一步激发了学习的自主性和创造力。学生的学习变成主动的、愉快的、多维度的，思维与表达得到充分的锻炼。

家长之变：家长不仅可以通过云端数据了解孩子的学业情况，还可以利用线上及时交流，增加与教师、孩子以及其他家长的互动，获得不同的应用体验，从学习的旁观者变为直接的参与者。云端家长学校让家长也成为学习者，成为学习共同体中的一员。

在技术与教育深度融合的时代背景下，文艺二校初步形成了以"学习者为中心"的技术支持下的学习与发展的共同体。创设了一个人人皆学、处处能学、时时可学的更加开放、更加适合、更加人本、更加平等、更加可持续的共享、协助学习、发展的"共同体"。尽管在发展过程中学校仍面临学习与技术深度融合共生的困境，但在未来发展上我们能够清晰地预见，学校——技术支持下的学习、发展的共同体，正朝向教育资源的无边界和均衡化、传统学习方式与新型学习方式的混合化、基于大数据教学管理的智慧化、高人文与高技术的整合化方向稳步前行。教育管理者与工作者在日新月异的技术背景下只有始终坚守学习的本质，才能实现学习与发展共同体的成功转型和定型发展。

## 二、打破木桶原理，培育信息化"种子教师"

熟知的木桶原理是由美国管理学家彼得·德鲁克提出的，所谓"木桶原理"也称"木桶理论"，说的是由多块木板构成的木桶，其价值在于其盛水量的多少，但决定木桶盛水容量多少的关键因素不是其最长的板块，而是取决于最短的那块木板。据此，学校提出反木桶原理，一个学校的信息化水平不是由最短的那块"木板"决定，而相反是由我们原始的"长板"决定的，取长补短，才能盛更多的水，顾名思义，我们的教育教学也是如此，就是要发展我们的长板——培养"种子教师"。

### （一）选拔"种子"——积极拓荒，能者先行

改革需要先行者和探索者。努力提高教师队伍的整体信息化素质一直是文艺二校最关心的问题，校领导和老师们为此做了积极有效的探索。选拔"种子"教师成为文艺二校教师教育改革的一种必然。随之而来，信息

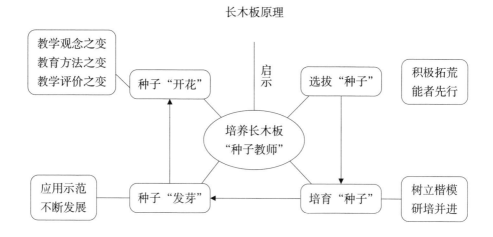

化"种子教师"发展作为教师发展的核心思想得到了公认,并明确将"种子教师"列为改革项目之一。

"教育信息化研修"项目开荒初期,学校所有年轻教师都积极参与到建设中来,不断研究信息化教育教学理念。从了解计算机软硬件的一些基础知识开始,掌握一些常用的上机基本操作,比如掌握一种汉字输入法;掌握一种图文编辑软件,基本掌握电子表格处理软件Excel的使用;正确使用扫描仪、打印机及相关常用设备。此外还要学习网络的基础知识和Internet的基本操作。教师可以在平时考试和测试中运用这些基本技能进行打印、排版,从而提高教学效率和质量。

一遍遍信息化教育教学实践;一次次信息化教育教学反思;一场场信息化教育教学深度研讨会议,从无到有、从零到一、从少积多的问题、经验就在信息化教育教学的荒地上种下了种子。"种子"教师能够提高信息技术与学科教学深度融合的能力,促进教学方式的变革;提升在智慧教育理念支撑下的智慧课堂设计、构建能力;能够独立完成智慧课堂案例课的设计和制作；能够勤于实践、研究，具备常态化构建智慧课堂的能力；能够在各种比赛、观摩示范活动中展示智慧课堂案例课；能够引领其他教师进行智慧课堂设计和构建。

**（二）培育"种子"——树立楷模，研培并进**

提到信息技术与课程融合的研究就必须要提到一个人，她就是教学校长，也是整合技术将教学内容、学科内容、技术知识和教学知识全面提升的奠基人。二十年前，她从一名青涩稚嫩的教育战线新兵，通过自己不懈的努力成为今日教育教学及行政管理工作的领军人。她不忘初心，谦卑实干。她始终坚持一种信念，乐于实践，肯于思考，悦于钻研，敢于创新，出色地完成了自己分管的各项工作。她欢喜做，甘愿受，取得了多项荣誉。

1. 责任之心铸造行动楷模

做行动楷模的她是个热爱学习且会学习的人。她忠诚于党，始终跟党走、听党话，对党有一颗挚诚感恩的心。同时，她还认真钻研业务，通过订阅杂志、书刊学习，通过网络学习，不放弃任何提高自己业务素养的学习机会，她始终把责任的校训牢记于心，时刻践行，是党员和群众同志们行动上的楷模。

2. 好学之心研修专业技术

在长期的教育教学实践与研讨中，她逐渐走出了具有自己风格的教学特色和管理特色。尽管作为管理者，她却始终没有放弃教学实践和对教学的深入研究，仍坚持走进一线课堂。在珠海的全国教育博览会交流发言中她发表了自己对课改中问题的思考，得到各位专家和参会教师的好评。她所负责的《一对一智慧课堂》全国平台展示，她既是指导引领的管理者，又是率先上示范课的实践者，种种历练令她逐渐形成了走路不轻飘，做事不浮躁的风格。

3. 一片丹心建设专业团队

学校繁忙的工作让她的业务能力有了提升、拓展了眼界、扩大了格局。RGCP 的流程化、精细化管理，领导例会中的头脑风暴和智慧分享，为教师搭建了和谐、智慧的工作平台，提升了教师们的工作能力和工作艺术，挖掘了他们的潜能与主动思考、工作的意识。她更关注教师的团队建设和学生的多元评价。通过开展七色花最美少年争当活动，开展多元评价，从七个方面开展活动，让人人有机会争优，人人成为最好的自己。

学校也组织"种子"教师进行定期的"智慧课堂"专场培训，从 Pad 教学对于课堂教学的重要意义进行讲解，讲解如何利用智慧课堂教学系统进行前期备课以及功能的具体讲解。也会通过钉钉会议视频、QQ 邮箱以及微信等平台交流与专家面对面地进行课堂实时互动和课例研讨。除此之外，学校组织信息化"种子"教师"走出去"接受高层次的培训学习，2019 年 5 月，学校中的"种子"教师走进北京参加全国"信息技术与教育教学相融合"教师素养观摩大赛，使"种子"教师走出了信息技术与学科融合初期的懵懂，看到了未来创新的无限可能。

4. 保持初心再创信息辉煌

她扎根于教育信息化理论，从教育信息化实践中总结经验，切实推进了信息技术与学科教学的深度融合。"教育信息化研修"项目在她的带领下，不断实现飞跃式创新发展。各学科教育信息化技术成熟并一直向专业方向发展。从 2013 年开始，她一直保持一颗初心，致力于信息技术与课程融合研究，组建学校"云课堂"实验团队、沈河区名师工作室，培训中青年骨干教师。所培养中青年骨干教师参与全国、省、市级信息技术教学大赛及信息技术与学科融合大赛50余人次，团队教师每年均荣获国家级赛课奖项。2014年，通过全国中小学教师教育技术水平考试（NTET）开始积极参与省市区信息技术与课程融合培训，并多次作为培训讲师。2016年，在辽宁省第二期小学教学主任培训班进行"信息技术与课堂深度融合"内容的授课，共计20学时。2015—2018年，多次担任沈阳市、沈河区信息技术与学科整合教学大赛评委；担任国家小学教师资格考试语文学科评委。2018年入选沈阳市信息技术人才库。她永远保持初心、砥砺前行，在信息化教育教学研究中披荆斩棘，为后人开辟了信息化教育教学未来的道路。

**（三）种子"发芽"——梯队建设，延续革新**

两年的时间，学校的"种子"教师从稚嫩逐渐发展为成熟，同时"整合技术学科教学知识"的能力和意识也在逐渐增强。

语文学科的"种子"教师，在教学中基于低年级学生特点充分创设有趣情境引导教学，同时利用学校先进信息化手段辅助教学，其中Pad的运用更是为课堂注入了活力，让孩子们从快乐中汲取知识，在探索中不断进步。她不断提高教师专业素养，积极推动信息化手段与教育教学的深度融合，为打造精品课堂、信息化学校而不断奋进。

数学学科的"种子"教师，在区内第二届教育信息化论坛中进行"一对一数字化教学"展示。利用智慧课堂教师端在线备课，将教学资料导入平台中，上课后，学生自动加入课堂，通过自动抢答器回答问题，将问题拍照上传，在课堂上任意场景多端演示，课后完成所学内容的同步练习，增强学生的学习兴趣。她的教学模式，成为学校全面分享的一种新型的数学教学方法。

信息技术学科的"种子"教师，带领学校的学生参与全国中小学电脑制作活动，并获奖项。学校一直致力于对学生信息化素养和创新实践精神的培养。并以本次比赛为契机，进一步完善信息化课程建设，全方面、多渠道推进数字化校园建设，满足学生的个性化学习需求，在努力提高办学品质的同时，助力区域教育信息化发展。

从"教育信息化研修"项目建设以来，"种子"教师已成为学校独当一面的教学骨干，在信息技术与教育教学相融合中硕果累累。

**（四）"种子"开花——争奇斗艳，欣欣向荣**

以课堂为着眼点的研究是目前教育研究的趋势所在，也是促进教师专业成长的有效途径。在"种子"教师的带领下，信息化教育教学终于开花结果，成果累累。教学校长发表了多篇论文《融技术进课堂，变传统扬个性》《一对一数字化学习在课堂上的应用》等；主持并参与了多项课题《"一对一"数字化学习模式》《基于数字化环境下的小学个性化学习研究》《中小学生学习力培养的研究》《基于全脑开发的校本课程研究》《小学综合性课程的建构与实施的研究》《信息化互动课堂的实践与研究》《小学低年级"提前识字，快乐阅读"的研究》《小学生"一对一"数字化学习模式的研究》等。她获得了多项荣誉，被辽宁省教育厅评为"辽宁省中小学信息技术与课程融合骨干教师"，被沈阳市教育局评为"沈阳市骨干教师"，被沈阳市教育研究院评为"沈阳市教育科研'十百千工程'首批研究型教师"，被沈河区人民政府评为"沈河区名优教师"，被沈河区人民政府评为"沈河区名优班主任"；学校被评为"教育部首批信息技术示范校"（学校总负责人）、"沈阳市三星级数字化校园"（学校总负责人）；学校"四叶草综合课程"被评为沈阳市地方课程一等奖、辽宁省地方课程二等奖；学校入围"2017年教育部基础教育信息化典型案例""2018年教育部基础教育成果"。

作为一种新型的信息化教学环境，华中师范大学国家数字化学习工程技术研究中心开发的盘古电子双板教学平台，对教师组织个性化的教学活动、构建以"学生为中心"的课堂结构、促进课堂教学的变革与创新具有显著优势。研究电子双板环境下的教师教学行为变化有助于发掘教师教学行为变化的规律、剖析教师教学观念转变中存在的问题、提出教师教学行为优化的基本策略，从而缩短新环境下教师教学的探索适应阶段，加快推进课堂教学信息化的进程。

同时，学校的课堂也在发生着潜移默化的变革。

1. 教学观念之变。一直以来，我们的教师都是学生课堂上学习知识的灌输者，教室秩序的管理者，学校更注重学生的个体参与，从这种个体的参与中获悉个体差异。教学中引导学生走进文本，与文本对话，尊重学生的个体体验和独特感受，鼓励学生发表自己独到的见解，引入到课堂之中，打破以教师为中心的教学模式，让学生成为课堂的主角，教师从"主演"变为"导演"。激发了学生学习的兴趣，并有效提高了学生学习成绩。

2. 教学方法之变。通过"种子"教师的"智慧课堂"探索出了"三环节教学方法"，分别为任务前置、互动提升、理解重构。学生学习的"前概念"建立是任务前置的重中之重，教学不再局限于传统的单向活动方式，而是提倡师生之间、学生之间的多边活动，在课堂中"全深度互动即为互动提升"。理解重构，在课后学生通过学习平台展示学习成果和自己的感悟。

3. 教学评价之变。由传统评价到初步建立注重过程的多元评价体系，体现在能力评价、思维评价和全程评价三个方面。学校和家长共同建立一种评价沟通方式，以便于家校合力，和学生一起共同向着一个目标前进。

## 三、寻找新的定位，新时代教师的十八般武艺

建构主义认为，没有永恒不变的教师素养，只有适应社会历史条件、以一定教学目标和任务实践要求为背景，并符合教育教学实践需求的教师素养。①随着教育信息化2.0时代的到来，信息技术与教育教学相融合已成为不可避免的趋势。学校作为最重要的信息教育基地，用教育信息化手段带动教育现代化，实现教育事业的跨越式发展。而教师作为战线的中坚力量需要承担起新时代教育的重任，苦练"十八般武艺"，更新并丰富新时代教师素养。

新时代教师素养

信息化使教育变得更加个性化、更加自主化，也更具有创新性。伴随着教学手段、教学组织形式、教学模式以及教学观念等的变化，新时代下的教师素养也将被赋予新的内涵，具体包括：理念维度的教师素养，知识维度的教师素养，技术维度的教师素养。教师素养的革新是信息化2.0背

---

① 习近平. 在全国高校思想政治工作会议中强调：把思想政治工作贯穿教育教学全过程开创我国高等教育事业发展新局面［N］. 人民日报，2016-12-09.

景下的必然，是顺应教育发展的选择。

循理念，明"武道"。教育理念是教育行为的指路灯，时代变化迅速，新生事物、新生思想不断衍生，教师的直接教育对象是学生，光凭旧知识是很难胜任今天的教育工作的，用科学的教育理念指导实践，才能在教育信息化大潮中稳步前行。

教学观。首先新时代要求教师转变传统"知识本位教学观"，取而代之的是更关注过程的体验、能力的提升、情感的获得。其次，随着教学手段的现代化、教学内容的不断丰富更新和教学组织形式的变化，教师不仅要潜心钻研教材，了解网络知识、网络文化，不断更新、丰富、完善自己知识结构，还要了解信息技术，懂得运用现代化教学手段辅助教学。

教师观。一方面，信息时代平等开放的信息获取方式一定程度上也冲击了教师的绝对权威。新型师生关系的形成提示广大教师必须转变观念，明确角色变化，不断完善自我。另一方面，信息时代赋予教师角色新的内涵，教师应积极促进自身角色向教育信息化的设计者、研究者转化，做教育信息化的执行者与先锋军。

发展观。教师最好的成长路径是自主发展，根据时代和形势的发展富有激情地自我建构专业的教师素养。而信息技术的发展则为我们提供了一个快捷便利的终身学习的平台。学习不是一蹴而就的，它是一个漫长的过程，同时又需要恒心，加以坚持，学习的内容可以是多方面的，除了学习基本的教育教学理论，还需要接触新生事物，也就是时代背景下的新思路，追随时代的脚步，加强与外界的交流，同时也要掌握更多信息技术，进而实现信息技术与教育的融合。作为教师既要善于利用信息技术获取并筛选新知识，拓展视野，要以身作则转变角色，做终身学习的践行者和示范人。

晓知识，利"武器"。教育部在〔2002〕2号文件《关于推进教师教育信息化建设的意见》中指出："教师教育信息化既是教育信息化的重要组成部分，又是推动教育信息化的重要力量。"[1]放眼世界，开放发展已经成为教育改革发展的大势。互联网、云计算、大数据、智能机器人、三维（3D）打印技术深刻改变着人类的思维与学习方式。为顺应世界发展，助力祖国教育发展，教师们应该顺势而上，顺势而动，以广阔的国际视野，做一名紧跟时代脚步的现代化的"网师"，而不是教书匠。

**（一）专业基础性素养的丰富**

专业基础性素养是由专业知识、专业能力、专业情意组成的。长期以来作为教师入职的基本门槛，受到广泛关注。随着教育信息化时代的到来，知识的更新越来越快，这也为人们敲响了警钟：只有不断丰富、更新知识，才不会被时代淘汰。新的教师专业知识、能力和情意素养正在形成。

教学最主要的是"讲什么""怎么讲""学什么""如何学"的问题。新时代教师要对海量教学信息资源进行遴选、整理，制定教学目标，确定"讲什么"；充分利用信息化手段唤醒课堂活力，提高教学效率，完成"怎么讲"；结合学生实际确定学习重难点并制定符合学生实际的学习目标，并对学生的学习方式进行指导，解决"学什么""如何学"。因而新时代教师要不断学习，及时更新专业知识和能力结构。

---

[1] 教育信息化背景下教师角色的转变，https://wenku.baidu.com/view/e42eb19178563c1ec5da50e2524de518974bd361.html.

#### （二）专业支持性素养的提升

**1. 鲜明的人格魅力为保障**

"德高为师，身正为范"，教师从来都不是一个单纯的知识传授者，更担负着育人的重担。尤其对于低年级的孩子来说，心智尚未成熟的他们具有很强的向师性。因此教师的人格魅力和品质素养会潜移默化地吸引并影响着受教育者。尤其是在"互联网+"时代，鲜明的人格魅力也会成为吸引学生的一大法宝。新时代教师应当富有个性特色和人格魅力，并充分反映在教育教学中，成为对学生充满正能量的"引路人"。对于学生要理解个性，善于引导，学会包容。知晓学生需求，走进学生内心，寻求学生发展。

**2. 扎实的数据素养为支撑**

教师的数据素养主要指教师在数据的采集、组织和管理、处理和分析、共享与协同创新方面的能力，以及教师在数据的生产、管理和发布过程中的道德与行为规范。①

（1）数据意识

数据意识是教师数据素养的基本前提，指教师有主动对信息化教学产生的数据进行探索、分析的欲望。从而为进一步优化教学内容、了解教学效果、改善教学管理与评价提供可能。

（2）数据能力

数据能力是指教师有效利用记录挖掘的数据开展分析并改善教学的技能，它是教师数据素养的核心内容。"互联网+"时代数据已经成为学生学

---

① 张静波. 大数据时代的数据素养教育［J］. 科学，2013（7）：29—32.

习行为的真实表征和学习评价的有力取证，"一切用数据说话"正在从应然走向实然。然而单纯拥有数据是远远不够的，教师必须拥有时代要求的数据素养，具备"让数据说话"的能力，才会让小数据发挥大作用。

**（三）通技术，铸"武魂"**

信息技术在教育领域的应用为传统的教育教学注入了新鲜的血液。远程教育的发展，教学软件的开发、教学课件的制作日益先进和丰富都在潜移默化地影响着现代教学。教师的信息素养影响着现代教育的质量与效率。

教师信息素养特指在教育教学过程中，教师准确检索、筛选信息，适度加工、处理、创新并有效传递信息的内在品质和修养。"互联网+教育"时代背景下，技术与教育的融合有了较之以往更深层的意义，教师的信息素养也有了全新的内涵。具体包括：

1. 信息技术意识

信息技术意识是指教师拥有正确的教育技术观，在教育教学中能够主动恰当使用信息技术改善教学、促进学习。"互联网+"的形势下，已经变很多不可能为可能，所以作为今天的教师也要有信息技术意识，有意识去通过互联网来实现教育资源的共享，教学手段的提升。多媒体教学手段的运用，大大提高了教学效率，使以前抽象的问题变得更加直观，复杂的原理变得简易。网络学习已经是不可逆转的事实，教师们应该顺势而上，顺势而动，做一名紧跟时代脚步的现代化的"网师"，而不是教书匠。

2. 信息技术能力

我们通过对比观察发现，在教学中尤其针对低年级孩子进行教学时，恰当运用信息技术手段能让课堂氛围更好，浓厚的兴趣自然会激发深深的学习热情。在这方面教育信息化显现出了明显的教学优势，因而这要求教师不仅要了解信息技术，还要懂得运用现代化教学手段辅助教学。此外，学生通过网络可以接触到大量的信息，信息数量的庞大导致信息内容的鱼龙混杂，由于学生知识和阅历的限制，很难依靠自己的认知在良莠不齐的多元化信息群中分辨出是非正误，需要教师具备信息筛选和甄别能力，做好学生引路人。

在教育信息化浪潮中，教师应该主动承担起新时期赋予的新使命，勇敢迎接信息化背景下教育教学中的新挑战。结合实际的教学情况，不断丰富和更新教师素养，以满足学生的学习需求、新时期教学需求、学校和社会发展需求。同时，教师还应该积极将信息化技术应用于教学中，并提高信息化技术的应用效果，确保教学质量的提高，为学生的日益成长和不断进步助力，促进教育教学更为长远地发展。

## 四、传统课堂与智慧课堂的区别

传统的小学语文教学以书本知识讲授为核心，重理论、轻实践，重群体、轻个体，使得知识抽象化、符号化。学生无法做到对知识的活学活用，只能理解表面意思。传统语文教学方式、教育手段过于单一，课堂大多为"一言堂"，即以教师讲授为主。教学过程缺乏趣味性和创造性，人体旳听觉、视觉和其他感官系统不能被完全调动，因此无法实现理想的学习效果。即使运用了多媒体教学手段，但在使用过程中多媒体课件或视频、音频也仅仅是信息的单向传输，仅为辅助作用，课堂仍然以教师讲授为主，缺乏有效的技术手段。举一例看看传统课堂与智慧课堂的区别。

《鲸》是一篇说明文。课文介绍了鲸的形体特点、进化过程、种类和生活习性等方面知识，本课的教学重点是了解课文介绍的鲸的知识，体会所运用的多种说明方法。鲸的进化过程是学生理解的难点。传统课堂就是读课文看说明方法。智慧课堂在课前学生可以利用手中的平板电脑通过平台上网挑选与课文有关的图片，还可以查看百度百科有关鲸的相关信息，收集一些小视频，并把这些收集到的资料存储到平台"我的预习"里。学生也可以把自己收集的资料分享给老师和同学们，利用平台一人与多人高效高速共享交流。有了对鲸的初步认识，也激起了孩子们学习兴趣，为学习课文奠定了基础。文艺二校的云平台除了有海量的资源，还有许多的功能来帮助孩子自主学习。比如：

A. 识字教学

众所周知，识字写字教学是低年级的重点，所以在中年级的课堂上不可能占用太多的时间。利用平台制作微课的功能，在课前制作了识字教学微课，放到孩子们的"学习包里"。学生可以通过平板来观看微课，达到自主学习的目的。

观看微课后利用平台"小测验"功能来个即时测验，测验完平台后台马上可以生成数据。老师可以第一时间知道孩子对字词的掌握情况，孩子们也可以马上知道自己错在哪里。针对全班出现的问题可以集体纠正交流。例如"肺"字的书写，"潜"字的字音。有了平台的加持、大数据的呈现让我们能更及时更准确地把握孩子们的学习情况。只有在数字化"一对一"的课堂上才能呈现。

B. 理清文章脉络

课上通过截图发送功能把课前准备的胡鱼骨图（只有鱼骨没有鱼肉）发给学生。阅读课文后根据课文内容学生们把鱼肉也就是内容填上，并截图发送到"交流平台"上，我们可以看到多张孩子们的作品，在创作与交流中，我们共同理清了文章脉络。

C. 学习文本

《鲸》是说明文。最想说明的是什么呢？就是一句话：鲸是最大的哺乳动物。"最大"和"哺乳动物"就是鲸的最主要特点，特别是"哺乳动物"这一点更是超乎学生的常识。有"鱼"字旁，又是生活在水中，怎么不是鱼，而是哺乳动物呢？围绕着鲸的大和是哺乳动物这两个问题，学生利用平台分组功能自愿成组学习。

①研究"鲸的大"的小组：孩子们通过阅读文章发现作者在写鲸大的时候运用了作比较、举例子等说明方法。于是学生利用上网功能收集到有关大象的图片和相关信息与课前收集的鲸信息作比较，并在小组内交流利用平台绘图功能制作了对比的表格。这样一对比才发现，不比不知道，一比吓一跳——鲸实在是太大了！这就是作比较的好处。课文中还有通过鲸嘴里坐着打麻将还很宽敞这个例子来感受鲸的大。于是通过用平台计算器的计算功能计算了一下鲸嘴里到底有多大，来感受鲸的大。文字带给我们抽象的大，但在数字化环境中利用平台多种功能可以更加直观地感受鲸的大。同时感受到说明方法的好处，可以更好地让人们认识事物。

②研究"鲸是哺乳动物"的小组更是厉害。在短短的时间里他们上网收集了好多相关的资料，还把自己收集的资料在平台上制作成微课和幻灯。在汇报时，有图有影有真相。语文教学要想为学生的终身发展打下坚实的基础，就必须使学生成为"语言的富翁"。因此，在最后学习环节安排把自己想象成一头鲸，用简短的语言向大家作个介绍。但没有想到的是学生们利用手中的平板，借助平台制成了幻灯片，制成了电子手抄报，有

的学生自己录音配音制成科普短片……与同学老师分享。还有的孩子甚至直接通过网络发表到自己微博和朋友圈里与网络中的陌生人共享。老师们还没有想到利用平台跳出平台，孩子们的潜力简直不可估量，文艺二校的平台就是他们的跳板。

阅读教学无非是两项基本活动：紧扣字词句段篇分析"课文"；站在思路高度朗读、品味，加深对词句与思想的理解。问题在于，如今分析课文的教学把课文肢解得七零八落，成了烦琐哲学，挤掉了站在思路高度朗读、品味及其他语文活动。尤其是这种说明文类型的文章，既要分析课文又要避免烦琐分析，成了当前改革语文教法的突破口。实践证明：传统方法无法打开这个突破口。阅读时课文作用于人体感官的刺激信息是多方面的，包括字词句段篇的刺激信息，以及隐藏在这一形体后面的作者观察、思考的刺激信息，都记录在感觉记忆中。这样一个复杂的过程，不可能由教师讲解操作。而基于数字环境下的语文课堂，既尊重学生个体，又可以多种感官刺激，还可以多渠道学习。数字化的语文课堂好处很多：

1. 信息来源广泛

由于网络为学生提供了丰富多彩、图文并茂、形声兼备的学习信息资源库，且在极短的时间内，网络便能为他们将相关信息做好收集与整合。学生从网络中获得的鲸演变过程资料不仅数量大，而且还是多视野、多层次、多形态的。与传统教学中以教师或几本教材和参考书为仅有的信息源相比，师生有了更大的、自由的选择创造空间，为自主学习提供了前提条件。

2. 学生获取信息自己当家做主

在数字化环境下，学生可以不再被那点仅有的信息源（教师或教材）牵着走，他们可从网络广泛的信息源中选择他们所感兴趣的学习材料，拓宽知识面，可以收集到有关知识的最新信息，甚至超过教师的知识占有量。学生对网络上丰富的资源进行收集、探索、分析，从中辨别出对自己有用的东西，获得自己需要的资料，同时能发现问题，提出问题，寻求帮助，直至解决问题。这样，学生可以在原有的知识面上不断地突破和发展，而不需强调与他人"同步学习"，学生的自主、自立能力得到有力的加强。

3. 学生可以开展个性化阅读

在数字化环境下，学生有可能按照他们各自的实际情况来选择学习内容，使学生成为学习的主体不再是一句口号。可以主动去探寻发现未知，自由阐述自己的观点；选择自己感兴趣的内容去收集资料；选择感兴趣的方式来学习。就像课堂上有的孩子对鲸的种类很感兴趣，就收集了很多资料，大大扩充了教材里仅有的信息，成就了自主学习、个性化学习。传统课堂满足不了现代化教学需要，智慧课堂可以让孩子更好地成长。

# 第三节 学校层面

集团品牌特色发展。新技术的应用，极大推动了学校集团化的效率与效益，让学校"现代、智能、高效"的品牌特色更加鲜明。学校文化构成中的现代化成分凸显了学校的创新能力。集团化的协同办公系统和集中管控系统建设，形成了集团信息化的智能"驾驶舱"，推进了管理模式转型、团队能力转型，使得学校集团化品牌含金量不断增值，影响力日益扩大。

做实高位均衡发展。集团化的初衷是实现教育的均衡发展，但均衡不会因为校牌的变化而自动到来，基于新技术的个性化学习可以将教师差异、校园差异、资源差异的影响降到最低，消除集团内各校区间的不均衡。

## 一、学校3.0时代的未来场景

如果说教育信息化1.0时代是通过"三通两平台"的建设带领人们搭上了信息技术教育的快车，教育信息化2.0时代通过人脸识别、基础大数据分析、基础数据搜集分析实现了教育的初步智能化，那么随着技术的不断成熟，当技术全面渗透教育，教育逐步走向"AI+"，智慧教育正在悄然开启教育3.0时代。

当今时代，新一代信息技术对人类社会的颠覆性变化日益显现，将信息技术作为实践途径的教育领域也随之受到重大影响。近年来移动技术的不断发展，智能手机、平板电脑等移动设备普及率不断上升，移动学习的方式被越来越多的人接受，学校的教与学方式也随之变革，信息化教学也越来越受到重视并形成依赖。

信息化社会与人工智能时代的来临，使面向已知的教育模式加速颠覆，学校教育必定要产生巨大变革，促进教师角色、教学模式、管理方式、学习资源、学习内容、评价体系的加速迭代更新，形成更多样化、智能化和人性化的学校新样态。

那么在大数据技术、虚拟现实技术等先进技术支持下的未来教育到底是什么样呢？我们一起来畅想！

**（一）每一位教师都有一个人工智能助手**

1. 智能管理小助教，创意教学助提高

早上8点，班主任B老师来到学校，进入班级，班级班牌装有智能识别系统，显示着本班的总人数100，班级报到40人，云端报到60人，全体学生身体健康，无病症。

确认学生信息后，B老师进入班级，讲授该校的特色课程"穿越中华五千年，感受中国文化之美"。这也是B老师自己设计的课程，结合不同学科特色，学习中国文化，感受中国魅力。

B老师已经和学校签订了协议：每堂授课过程中不能录像、不能录音、不能在互联网上随意传播。在授课过程中，班级中的无线信号将自动录制生成视频，上传至学校云平台上，学生们可以在家登录云平台进行学习，当然班级内的40名同学更喜欢亲身处于课堂的氛围，现场互动，现场提问。

授课过程中，B老师运用AI技术，清楚地捕捉到孩子们上课的微表情变化，并通过大数据的反馈传送给自己。B老师发现云平台及教室中共有4名同学对刚才所讲的知识点产生了困惑，因此立刻针对学生所惑进行了教学上的调整。课后，系统针对本堂课学生的听课、举手、练习等课堂的行为和状态等来进行数据分析，形成专属于每位学生的学习报告，反馈给每位同学和老师，B老师也根据不同学生的困惑将不同的知识点按照不同形式分发了出去。

2. 智能守护小助教，实时看护无烦恼

中午，在校学生在操场活动，B老师正在办公室备课，忽然B老师的手机里传来讯息，班级同学小明受伤。此时位置：操场东南角（高低杠附近）；身体状态：膝盖流血；受伤原因：从高低杠上摔落；系统评估：轻度擦伤。B 老师向楼下跑去，此时已有值周教师带小明同学前往监护室，在智慧校园中，当学生的身体状态发生异常时，数据会第一时间反馈给学校教师，教师们可以在第一时间发现孩子的身体异常，极大地保证了学生的安全与健康。

3. 智能学习小助教，因材施教方法妙

下班回到家，已是 19:00。B 老师打开电脑，进入班级的管理系统，查看学生的学习反馈和完成作业的情况。系统显示，全班 100 名同学全部完成作业。其中，最早完成作业的时间为 16:30，最后一名完成作业的时间为 18:30。所有作业已在 18:45 由系统全部批改完毕，有三分之二的学生已查看过批改结果，同时对错误进行了改正。

B 老师逐一点开学生的作业，系统已经自动对学生的学习情况进行了数据分析，每位同学都可以点击查看专属学习评价，评价方式多维呈现：书面整洁、字迹规范、表述能力、创新意识等等。教师在查看每位学生的情况后，根据系统提示的学生性格、学习情况、成长轨迹、未来发展需求等情况，为其安排新的作业练习来进行练习，每位同学的练习题都会从学校网络题库中来选取，一位学生一种设计，因材施教，做最适合的练习。

在查阅反馈的过程中，B 老师发现了 y 同学提出了自己的疑惑，而这个疑惑也在 18:30 由 y 同学的专属"小助教"完成了解释。原来在 B 老师的班级里，每名同学都有一位专属的"小助教"，为同学们随时解决困惑，并针对性地提出好的学习建议。

检查和布置完 100 份作业与学习反馈，共花费 1.5 小时。

**（二）每一位学生都有一个虚拟学习空间**

1. 创新学习形式，分享互促提升

学生B在放学后，打开电脑，登录自己的学习空间，开始分享今天的特色课程的学习心得。在分享的过程中偶然间看到了隔壁学校学生C也和他共同选修了一堂课，C同学在分享心得感受时运用VR构建了学习城堡，今天学习的敦煌第二章"当古典诗词遇到敦煌壁画"被C同学放在了学习城堡的第6层。当进入学习城堡时，悠扬的乐曲带着人们进入那片神秘的西域境地，此时轻纱散去，每一幅精美的壁画上都配有诗情画意的诗词，让人流连忘返。学生B非常欣赏学生C所构建的知识体系，并在平台上添加了学生C的好友，期待共同探索学习中的奥秘。

2. 打破时空壁垒，知识触手可及

在分享了特色课程的学习心得后，学生B忽然想起了今天看书时书中提到的"冰冻岛"——埃尔斯米尔岛，兴趣驱使着他想探寻"冰冻岛"更多的秘密。学生B立刻在信息平台上进行搜索，平台信息与室内网络系统即刻连接，随着灯光的不断变暗，室内四周的墙壁和地面上出现了埃尔斯米尔岛的画面，随着呼呼的风声，学生B仿佛真的来到了这个冰封的世界。广袤的土地为巨大的冰层所覆盖，没有植被和土壤，让人觉得十分清冷。当风声渐弱时，几个因纽特人利用全息投影技术出现在了屋子中央，学生B开心地向这几位朋友了解埃尔斯米尔岛的情况。这几个朋友也非常热情，他们穿着厚厚的大衣，用因纽特语来介绍自己的家乡，不过学生B戴了一个翻译耳机，他们之间的交流畅通无阻，学生B也和因纽特朋友们分享了中国的大好山河。一场亲切的对话结束后，他们彼此在学习空间中都进行了留言，学生B更想以后亲自去神秘美丽的"冰冻岛"看一看了。

"人工智能+教育"使面向每一位学生的因材施教成为可能。随着新技术与教育的深度融合，互联网、大数据、VR/AR等技术也将会运用在教学中，即使教育的场景发生了改变，但是学生的学习不再局限于环境，未来也将迎来处处能学、时时可学的时代。教师要真正成为学生"灵魂的工程师"，成为学习的陪伴者、动力的激发者、情感的呵护者。

## 二、"远程互动式教学"引领教育精准扶智

《国家中长期教育改革和发展规划纲要（2010—2020年）》中提出"加强优质教育资源开发与应用，建立开放灵活的教育资源公共服务平台，促进优质教育资源普及共享。创新网络教学模式，继续推进农村中小学远程教育，使农村和边远地区师生能够享受优质教育资源"。习近平总书记曾说过，扶贫必扶智，让贫困地区的孩子们接受良好教育，是扶贫开发的重要任务，也是阻断贫困代际传递的重要途径。而信息化教育深深影响着我国教育的改革，是实现教育跨越式发展的必然选择。利用网络开展远程教育，深入到农村和边远地区，为教育教学发展服务是我们的首要任务。

"远程互动式教学"是文艺二校在"校企合作，一对一互动教学"基础上搭建的"企业+前端学校+远端学校"多方合作模式。目的是借助信息化手段，通过移动5G技术，将前端优质小学的教学理念、方法、行为、文化等教学资源精准采集，无衰减地传输到远端薄弱学校及文艺二校托管的沈北校区，辅之以线上线下互动教研与活动开展，让前端优质的教学理念及实践通过远端的学习、转化和创新，促成远端教学提质增效，形成自身教学研究与改革能力，全面可持续提升远端教学水平，实现教育精准扶智。

**（一）理清脉络，创新"远程互动式教学"运行方式**

"远程互动式教学"由前端学校、互动教学平台、移动5G技术、远端学校四方共同完成。前端学校通过专家团队全程跟进保障教学质量，指导教学改革，提供优质教学资源。互动教学平台和移动5G技术重在技术支持，落实前端资源的精准采集和准确传输，负责收集反馈远端学校资源学习运用情况，同时对多端进行直播，有效达成一点对多点，多方共同学习的目的。远端学校则重在落实与促进远端老师对前端教学资源的学习、消化、模仿、内化和创新。通过四方联动，无缝对接，一点对多点，让教学行为方法显性传输。

远程互动式教学模式

**（二）落实保障，推动"远程互动式教学"协作教研**

学校通过移动公司搭建的5G传输平台、青柠教育平台及希沃互动录播教室，每学期初与远端学校确定本学期参与互动教研、教学的科目及教师，并制订本学期教研、教学计划。在备课及相关教学资源准备完毕后，利用远程教学互动系统与远端学校开展线上互动教学研究活动。通过开展远程互动教学，促进和深化了文艺二校基于智能平板的互动教学研究，构建了新型教与学的方式，使课堂教学提质增效。同时，通过互动教学平台衔接前端跟岗、课堂观察与诊断、赛课等，让前远端保持高频教学教研互动，促进前远端关于教学行为背后深层次教学理念的深度交流。让他们学其然，更知其所以然，促进远端教学从简单模仿前端逐渐过渡到内化应用。这种线上线下高频互动，让教学理念深度内化。

**（三）监测实效，强化"远程互动式教学"评估反馈**

"远程互动式教学"通过精细化教学管理，将前端优质课堂文化在远端全面分解落地。教师在远程协同教学中不断提升自身信息技术素养，在交流中展示自己的教学特长，面对不同学生提高了课堂掌控能力，促进了自身业务水平的提高。

在实际应用中，一方面通过青柠平台监控远端教学资源下载及使用数据，另一方面通过企业公司的服务团队提供移动式服务，在各远端地区设定工作站，安排专人负责入校对远端的教学管理、教学品质、课堂文化等进行现场调研评估，定期给出"远程互动式教学"学校月报，引导学校改进。通过远程监控，实地调研，让课堂文化本土生根。

**（四）实践创新，解决"远程互动式教学"实践难题**

文艺二校的"远程互动式教学"模式考虑了双向教学环境，采取有提问、有反馈、有交流的教学方法，既保留了传统远教中的生动形象性和不受空间限制等优点，又有相互访问、双向交流、学习资源和学习内容广泛等优良特性。

1. 教师的教：实现优质教学理念全面渗透，把关教师、授课教师、远端教师、技术教师"四位一体"保障优质教学方法全程输出输入。

我们通过希沃互动录播设备，搭建起与远端学校的桥梁，每月与前端教师网上集体教研，深刻理解教学背后应秉持的育人价值；通过平台回放，每日观摩前端教师的教学行为，同步前端的教学管理，这些指引着远端教师从行为到理念慢慢发生变化。极大地增强了教师和学生、学生和学生之间的交互性，打破了教师和学生、学生和学生之间的相对孤立状态。

把关教师通常由文艺二校教研组长和特聘专家、教研员担任，负责定时指导教材教法，审定教学设计；授课教师按课表上课；信息技术教师做技术支持，录制课堂并定时收集、整理、传输前端资源；远端教师学习资源，领会教材教法，二次备课，并进行远端教学、议课反思提升。四类教师由前端学校远程教学责任人统一协调管理。教学理念和方法一以贯之，全程无衰减输出输入。

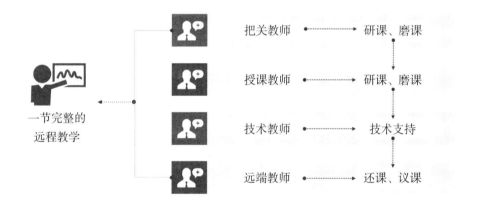

2. 学生的学：突出学生主体作用，激发学生学习兴趣，营造良好的参与氛围。文艺二校学生在智能平板的使用方面进步明显，在课堂上与校外教师、学生合作学习，提升了自身的适应能力和学习技能。远端学校学生也通过吸收优质教学资源提升自我素养，极大提升了学生的学习能力及兴趣。

"师生互动""生生互动"的远程互动式教学平台，充分发挥学生个体的主动性和创造性，正是为他们提供思考、寻找、合作、发现的"再创造"机会，引导学生大胆猜想，充分想象，主动交流，从而形成主动参与、合作交流的互动氛围。它不仅仅使学生的主动性得到发挥，而且在相互帮助、检查和鼓励中达成共识而共同提高。在这一过程中，每一个学生都有自己明确的学习任务，有自己独立的学习和相互学习的机会，从而最大限度地扩大参与面，充分发挥了教师和他们之间，以及学生和学生之间的相互交流和合作机会。

**（五）成效反思**

远程教育中采用互动式视频教学模式，克服了传统远程教育中教学手段单一、学生学习效果无法及时反馈以及学习者和教学者难以互动的缺陷，实现了通过语音、视频师生面对面即时交流，真实可感、趣味性强。做到了：

1. 个性化学习

在课程上，教学内容、教材、教学手段和辅助教学手段以及考试等都可以因人、因需而异，自主选择性强。学生的主观能动性和个性潜能可以得到充分的发挥。

2. 穿越时空

视频教室的互动是教学模式，克服了传统教育时空上的限制，使得不同地理空间的学生真正平等地接受教育。

3. 知识的延伸

结合知识点，拓展学生的知识面，培养学生的探究能力，加强学生的自主学习能力，并可帮助学生加深对知识点的理解。

4. 师生平等、互敬互重，减轻了学生的思想负担

传统教学的"一言堂""师道尊严"是师生间不可逾越的鸿沟，网络

中的互动式教学缩短了师生间的距离，克服了传统教育中学生羞于询问老师的缺陷，使得教学得以"思想解放"，真正使学生做到了"不耻下问"。

5. 家长随时监督

传统教学没有给家长们一席之地，而学生在进行这种网上的互动式学习时，家长也可以与孩子一同听课，这样家长们随时督促孩子、监督老师，又不会妨碍教师上课。

6. 自主管理、全面发展

这种互动式教学模式真正做到了培养人才的目的。教师的信息技术素养和"教""研""学""思"四位一体意识得到增强，一种充满现代感的、友好的、平等的研修氛围已然形成。通过丰富多彩的线上线下前远端互动活动，为前远端教师搭建交流、展示平台，促进前端优秀课堂文化在远端的有效转化。"远程互动式教学"拓展了薄弱地区教育精准扶智的新方式。

截至2020年3月，文艺二校建设了存储达1T的教育教学资源库，辐射朝阳市建平县北二十家子镇九年一贯制学校、康平县东关九年一贯制学校、法库县双台子中心小学和四川阿坝藏族羌族自治州理县营盘街小学等薄弱地区小学。万余名学生足不出户与城市的孩子共享优质教育。远端师生成长显著变化，学校品质全面提档升级，还由此带动了一个个地区的教育发展。

未来，"远程互动式教学"将逐渐变成"分享式教学"，通过网络联结更多的人组成一个个学习共同体，在网络中组建起一个个学习中心，逐渐将教育的地域差距转化为差异性资源，让更多学校、更多人可以互为前端，真正实现"信息化的世界里，没有边远地区"。

## 三、疫情中的"云端课堂"

2020年，伴随着疫情，新技术应用于教育迫在眉睫，在线教学也迅速从一个呼吁变成决策，教师们粉笔、黑板讲授式授课变成了平台授课，"网师"应运而生。"网师"既是传统教师职业的升级，也是新时代技术下每名教师的发展趋势，随之而来的教与学的方式发生了改变。学校在省市教育信息化专家名师的校长指引下，教师们勇敢冲浪"云端课堂"，领跑区域教育变革。

**（一）学校挺身而出，勇承重任**

这场教育领域的深刻的变革，学校作为组织开展教育活动的主阵地，担负着推动教育改革、促进现代教育发展、培养适应时代发展有用人才的历史重任。

1. 坚持教育观念变革引领

"互联网+"时代深入发展的背景下，学校以教育观念变革为突破口，逐步推动教师增强信息意识、提高信息化素养，让广大教师不仅充分认识到现代信息技术对于推动教育发展所发挥的重要作用，而且要学会利用信息技术获取知识、解决教育教学中遇到的突出问题，教会学生秉持信息思维、运用信息技术查阅学习资料、提升自主学习能力，真正实现以教育观念的变革引领现代教育发展、推动教学方式的与时俱进，为学生的终身发展奠基。

例如：学校通过增强线上教学深度、加强线上辅导力度，最大化发挥着沈阳云课和自有教师作用，全体教师助力学生的居家学习和健康成长。教师在"云端课堂"有"三段助力"，一段助力：师生同步收看，预判学习难点；二段助力：教师云端教研，生成解疑策略；三段助力：线上互动辅导，全面答疑解惑。

2. 坚持教学手段变革支撑

基于小学生线上学习时间短、内容集中等特点，学校以推动教学手段的综合化及网络化为目标，有针对性地组织教师进行线上教学培训，从直播互动、微课制作，到云端作业评改、在线智能测评等做到人人驾轻就熟，有效弥补传统教学方式存在的忽视学生主观能动性、师生互动性不够等方面的弊端，充分释放现代化教学手段的活力，以现代多媒体网络信息技术的应用为支撑，最大限度激发课堂教学的活力、培养学生的创新创造精神，推动学校教学取得实效。

例如：四年级的语文教师会把每一类文章都配套制作5分钟以内的微课堂，同时进行分析讲解。为了给学生提供更方便的学习平台，老师创建了公众号，把录制的微课视频上传到公众号上，家长们可以随时点击查看，十分方便。此举不仅调动了学生的写作积极性，也提高了家长的配合度，家长们会更愿意陪孩子提高写作水平。

3. 坚持教师队伍高质建设

教师是组织开展教育教学活动的主体，是落实教育教学目标、完成教育教学任务的关键所在。为此，学校要牢牢抓住打造高质量师资队伍这一关键环节，以推动实现教学方式的根本变革。具体来讲，分为两个方面：一是要引导广大教师切实掌握现代信息技术，以图片、视频、动画等丰富的教学资源为载体，丰富课堂教学内容，增强课堂教学感染力，提高课堂教学质量。二是要从帮助教师正确运用网络直播设备、掌握在线教育技巧等方面入手，引导广大青年教师具备网络教师的基本素质，切实上好"云端课堂",形成对传统课堂教学的有力补充,为学生随时随地进行学习提供方便。

学校不仅为本校师生提供优质教育,学校的8个学科的46节课还被推送到沈阳市云课堂;10节课在辽宁省优质教育资源平台上播出;4节课在全国学习强国平台上播出,并即将代表辽宁选送教育部评奖。"辽宁新闻""第一时间"等主流媒体多次报道学校举措。主管教学的校长应邀做客辽宁公共频道的沈阳云课通——《大咖驾到》栏目,为全省的家庭做了40分钟公益课程,解读云课、给家长很多居家辅导的建议,把学校线上教学方法和成果推向全省。

**(二)教师有备而来,胸有成竹**

优质化智慧教育资源已经为教育现代化铺好了"高速公路",运用"技术纽带"做好与教育教学的深度融合是摆在我们面前的新课题。"停课不停学、停课不停教"为教师带来了不断的技术冲击,有效的培训、反复的尝试促使互动经验不断累积,每周一次的教研更让教师们思维碰撞,擦出最亮丽的火花。

1."云端网师"教学思路清

为了适合学生掌握和理解知识,教师首先应做到思路清,面对流程、教学环节、注意事项等有独到见解。以直播教学为例:

课前:

(1)寻找光源充足的环境,保证教学环境明亮、清晰。

(2)准备好笔记本电脑或台式电脑,根据需求选用平板电脑(带电容笔)或白板工具。

(3)测试网速(带宽2M以上),与Wi-Fi同室,最好不隔墙,应急可选用手机移动数据共享热点网络。

（4）课前测试耳机或耳麦，保证声音清晰无杂音。

（5）测试摄像头，摆放到合适的高度和位置。

（6）熟悉教学平台基本操作，每个平台都需要有一定的学习、熟悉过程，都需要时间。比如分享屏幕、发言、文字、截图、禁言、上下课、云盘存储等，还有附加工具和平台快捷键，有助于提供整个课堂的教学效率。

（7）上课环境要保持安静无噪音，可专门用一个房间做线上教学的专用空间，电子设备静音，同时环境最好只有与教育教学相关的。

（8）有关的课件、文字稿，适当多准备些，一节线上课程的内容量最好是线下的1.2倍。

（9）提前演练，包括师、生的双方面演练，提前试播，切忌没有试播直接播出，那样一旦出现问题，就会手忙脚乱，无法处理。

课中：

（1）规范课堂要求：为维持好整个课程的纪律，老师应事先向学生讲好课堂上的规则，避免学生扰乱课堂秩序。

（2）课前概述：在课前几分钟先介绍本堂需要讲解的内容，让学生知晓并做好准备。

（3）内容避免满堂灌：积极发挥互联网的优势，邀请上麦、动画展示、互动游戏等等，实时互动，不过也要把控整个课堂的互动时间，虽然可以点燃课堂氛围，但也需要把控时间和次数，避免延误课程进度。

（4）关注学生学习过程和学习习惯的培养。学习的过程重要，习惯的养成更为重要，教师适时去引导，关注听课姿势、互动规范、时间管理等等。

（5）注意版权问题，线上课堂比传统课堂受众面广，有的甚至有商业化色彩，易引起麻烦，网师应具备版权意识。

课后：

（1）辅助材料：教师整理的辅助性习题和讲义，可以电子形式发送，有效帮助学生巩固知识。

（2）布置作业：每节课课后或课中要明确作业，作业应适量。

（3）回放提醒：提醒对知识点掌握不牢或因事未上课的学生随时观看回放。

（4）作业答疑：小知识点存在问题时可录制短视频直接发给学生，重点部分在课上直接进行解析。

（5）线上打卡：布置打卡，适时在班级群内进行作业提醒，完成基础的计算、朗读、练字等。

2. "云端网师"教学形式活

"云端网师"授课形式主要有三种：在线直播教学、录制微课教学、录屏教学。在线直播教学的平台和软件有多种，均可实现师生实时互动，教学效率相对更高，同时支持回放，但存在需要的直播流量大、对网络的要求高、使用者多时网络容易堵塞等问题。知识点录制微课教学，再告知学生并辅以相应的指导与考核，随时随地，不受时间、空间的限制，微知识点呈现帮助学生攻破局部知识不会的难题，但不易统计学生学习情况和把控学习效果，老师需要提前规划出微课内容并制定考核方案。老师还可以尝试录屏教学即利用语音讲解匹配课件的方式进行教学，可通过班级群、家长群等途径发布教学安排、录屏、考核作业等等，为便于提供个性化学习服务，教师授课形式会从教学思路出发，备课模式和呈现形式全面统筹、有序安排实施。

### （三）教育观"网"知来，大势所趋

这几年来，搭着信息技术的顺风车，线上教育模式不断迭代升级。新媒体技术与学校教育教学相互支持的合作形式，在5G、4K、AR/VR、人工智能等前沿科技的推动下，各个在线教育平台不断涌现并且逐具规模。与传统教育方式相比，在线教育具有效率高、低门槛、教学资源丰富的特点。

学校的校训是责任。特殊时期，校园网和微信公众号成为了"停课不停学"期间校本活动课程和学生全方位展示学业成果的舞台。线上研学，每一位教师都深感不轻松；云上相约，教研人毫无倦怠，共同打造以课本为龙头、以活动为载体、以技术为依托、以创意为灵魂的完整解决方案，推动教育信息化向信息化教育转变。

借助平台辅助，参与式课堂教学有助于老师有效完成教学目标、教学内容，极大地促进学生的学习热情。"云端课堂"中教师必然会扮演重要角色，是大势所趋，在此基础上教学的形式和途径也会日益广阔，"网师"未来可期。

第四章

# 在教学实战中的应用

　　平台是形，网络化、数字化、智能化一体的创新型教学体系是魂，在教学中得以高效应用是本。师生信息化应用水平和信息素养提高后，能否把自身水平和潜力转化为实实在在的信息化课程？能否在教学中"润物细无声"，无缝使用自己创造的教学课件？能否真正做到精准教学、因材施教，创建人本、高效的生态化"学习场"？本章将从课堂教学和效果评估两个维度，来具体呈现实战应用。

　　课件是信息化教学的主要驱动，文艺二校基本做到了课件来源自主化，一是发动信息技术操作水平较高的老师，自主制作，修编完善；二是在流程自动化基础上，结合每名教师的不同教学特色进行个性化备课；三是发挥学校教学资源的规模化优势，推动互相学习，互通有无，借鉴反思，进行整合，以实现自身设计课堂目标，以自己的简易操作去实现自己的成功路径。

　　在教学质量管理中，文艺二校既要信息和技术，也要人本和学情，去实现课堂效率和课堂效益双提升。如试卷批阅，既有信息化手段评测，又有人本沟通，既有系统作出的知识点分析和数据统计，更有教师日常观察的动态观测。学校的"多样性、多维度、个性化随堂评价"是一种全新的评价方式，学生不再被动接受老师的单一评价，而是给出一个立体的、多源的、生动的学生真实画像，这样的评价系统也实现了对学生动态化、过程化的真实客观评价，来实现"引领、指导与促进"文艺二校教学质量不断提升。

# 第一节　多样性、多维度、个性化
## 之随堂评价案例
### （徐海龙）

　　由于社会环境等诸多方面的变化，传统的教育教学方式已经逐渐显现弊端，学生知识结构的优化与建构更决定了个人的社会生存能力。因此单一的成绩考评已不足以评定学生的学习能力，激励学生五育并举、全面发展。文艺二校在建立"多样性、多维度、个性化"的评价体系中，通过课堂评价的方式，对学生进行数据性跟踪，进而提高教学效率，解决了这样的问题。

　　在随堂评价教学实践过程中，既要关注学生的学习结果，也要重视学习的过程；既要关注学生的学习水平，也要重视学生在活动中所表现出来的情感与态度，从而帮助学生认识自我、建立信心。

　　学校将"随科·随堂"测评视为学生的"个性表现画像"，这样的评定方式指向学生在课堂学习全过程。它是一种个性化的、有针对性的学习诊断方式，能为学生近期的学习掌握情况、学习态度的把控给予客观的帮助，为学生的学业发展找到更多过程性、个性化因素。

　　为了使"随科·随堂"测评数据有连贯性、系统性、指定性，以便日后教学案例分析有逻辑性，特将六年九班"数学课"作为"随堂"监测的目标。以"日"为最小计量单位，以"周"为整合分析，以"学期"总体数据为综合曲线分析结果。从量变到质变，从当日的教学内容到学生学习情况分析，从评价学生的方法中找到优势从而延续。

（一）"随科·随堂"评定的基础架构

文艺二校《小学数学随堂学习评价指导》（总表）

| 评价类别 | 一级指标 | 二级指标 | 评价工具 |
|---|---|---|---|
| 学科知识<br>权重40%<br>（40分） | 知识技能（40分） | 知识理解（权重25%）（10分） | 课堂观察<br>纸笔测试 |
| | | 知识运用（权重25%）（10分） | |
| | | 技能应用（权重50%）（20分） | |
| 学科素养<br>权重30%<br>（30分） | 数学思考<br>权重50%（15分） | 逻辑推理（权重20%）（3分） | 课堂观察 |
| | | 空间想象（权重20%）（3分） | |
| | | 几何直观（权重20%）（3分） | |
| | | 数学运算（权重40%）（6分） | |
| | 问题解决<br>权重50%（15分） | 策略方法（权重80%）（12分） | |
| | | 创新思维（权重20%）（3分） | |
| 学习品质<br>权重30%<br>（30分） | 情感态度<br>权重20%（6分） | 学习兴趣（权重50%）（3分） | 课堂观察<br>70%<br>调查问卷<br>30% |
| | | 抗挫能力（权重50%）（3分） | |
| | 学习行为<br>权重40%（12分） | 自主学习（权重50%）（6分） | |
| | | 合作学习（权重50%）（6分） | |
| | 学习状态<br>权重40%（12分） | 善于倾听（权重50%）（6分） | |
| | | 敢于表达（权重50%）（6分） | |

通过此表可看出，我们教学过程中，不仅要对学生的"学科知识"进行评价（其权重占40%），还要对学生的"学科素养""学习品质"进行评

价（其权重各占30%）。这样的评价指标，从知识与能力、过程与方法、情感态度与价值观等多维度对学习者做出更为全面、合理的教学评定。

### （二）"随科·随堂"评定的数据采集

1. 数据采集的实操方法

通过量定权重，在教学过程中，将5天5节的数学课化整为零，以"3+2"天分解为小周期数据统计。如下图所示。

**小学数学随堂学习评价记录单**

日期：9月7日　　星期一　　教师：徐海龙　　班级：六年九班

| 序号 | 姓名 | 知识技能 | | | 数学思考 | | | | 解决问题 | | 情感态度 | | 学习方式 | | 学习态度 | |
|---|---|---|---|---|---|---|---|---|---|---|---|---|---|---|---|---|
| | | 知识理解 | 知识运用 | 技能应用 | 逻辑推理 | 空间想象 | 几何直观 | 数学运算 | 策略方法 | 创新意识 | 学习兴趣 | 抗挫能力 | 自主学习 | 合作学习 | 学会倾听 | 表达能力 |
| 1 | 刘宇轩 | 8 | 8 | 17 | | | | | | | | | 3 | 3 | 3 | 3 |
| 2 | 刘星霞 | 10 | 9 | 18 | | | | | | | | | 5 | 5 | 4 | 5 |
| 3 | 刘梓奕 | 9 | 9 | 20 | | | | | | | | | 6 | 6 | 6 | 5 |
| 4 | 刘沛鑫 | 10 | 10 | 20 | | | | | | | | | 6 | 6 | 6 | 5 |
| 5 | 刘美含 | 9 | 9 | 18 | | | | | | | | | 6 | 5 | 5 | 6 |
| 6 | 刘迦南 | 10 | 10 | 20 | | | | | | | | | 5 | 5 | 5 | 4 |
| 7 | 刘馨灿 | 8 | 8 | 17 | | | | | | | | | 3 | 4 | 2 | 3 |
| 8 | 周昊玉 | 8 | 7 | 17 | | | | | | | | | 3 | 3 | 4 | 3 |
| 9 | 周禹含 | 10 | 10 | 20 | | | | | | | | | 6 | 6 | 6 | 5 |
| 10 | 唐梓航 | 10 | 10 | 19 | | | | | | | | | 6 | 6 | 5 | 5 |
| 11 | 姜采君 | 5 | 4 | 10 | | | | | | | | | 3 | 2 | 1 | 2 |
| 12 | 孔令甲 | 10 | 9 | 20 | | | | | | | | | 6 | 5 | 6 | 6 |
| 13 | 孙海艺 | 7 | 7 | 11 | | | | | | | | | 4 | 3 | 3 | 2 |
| 14 | 张子孟 | 8 | 8 | 16 | | | | | | | | | 3 | 3 | 4 | 3 |
| 15 | 张展宁 | 8 | 9 | 17 | | | | | | | | | 3 | 4 | 4 | 4 |

【第一周】前三节
测评包括：
知识技能、学习方式、学习态度

## 小学数学随堂学习评价记录单

日期：9月14日    星期一    教师：徐海龙    班级：六年九班

| 序号 | 姓名 | 知识技能 | | | 数学思考 | | | | 解决问题 | 情感态度 | | | 学习方式 | | 学习态度 | |
|---|---|---|---|---|---|---|---|---|---|---|---|---|---|---|---|---|
| | | 知识理解 | 知识运用 | 技能应用 | 逻辑推理 | 空间想象 | 几何直观 | 数学运算 | 策略方法 | 创新意识 | 学习兴趣 | 抗挫能力 | 自主学习 | 合作学习 | 学会倾听 | 表达能力 |
| 1 | 刘宇轩 | | | | 2 | 2 | 2 | 4 | 7 | 2 | 3 | 3 | | | | |
| 2 | 刘星震 | | | | 3 | 3 | 3 | 4 | 10 | 3 | 3 | 3 | | | | |
| 3 | 刘梓奕 | | | | 3 | 3 | 3 | 6 | 12 | 3 | 3 | 3 | | | | |
| 4 | 刘沛鑫 | | | | 3 | 3 | 3 | 6 | 12 | 3 | 3 | 3 | | | | |
| 5 | 刘美含 | | | | 3 | 3 | 3 | 6 | 12 | 3 | 3 | 3 | | | | |
| 6 | 刘迦南 | | | | 3 | 3 | 3 | 5 | 11 | 3 | 3 | 3 | | | | |
| 7 | 刘馨灿 | | | | 2 | 2 | 2 | 4 | 7 | 3 | 3 | 3 | | | | |
| 8 | 周昊玉 | | | | 2 | 2 | 2 | 4 | 8 | 2 | 2 | 3 | | | | |
| 9 | 周禹含 | | | | 3 | 3 | 3 | 6 | 12 | 2 | 3 | 3 | | | | |
| 10 | 唐梓航 | | | | 3 | 3 | 3 | 6 | 12 | 3 | 3 | 3 | | | | |
| 11 | 姜采君 | | | | 1 | 1 | 1 | 2 | 3 | 1 | 1 | 1 | | | | |
| 12 | 孔令甲 | | | | 3 | 3 | 3 | 6 | 12 | 3 | 3 | 3 | | | | |
| 13 | 孙海艺 | | | | 2 | 2 | 2 | 5 | 7 | 1 | 2 | 2 | | | | |
| 14 | 张子孟 | | | | 2 | 2 | 2 | 4 | 8 | 2 | 3 | 3 | | | | |
| 15 | 张展宁 | | | | 2 | 2 | 2 | 4 | 8 | 3 | 3 | 3 | | | | |

【第一周】后二节
测评包括：
数学思考、解决问题、情感态度

如上表所示，一周共5节数学课，若第一周前三节，以"知识技能、学习方式、学习态度"为随堂测评数据，则第一周后两节就以"数学思考、解决问题、情感态度"为随堂测评数据。

第二周反之，三节测评"数学思考、解决问题、情感态度"，二节测评"知识技能、学习方式、学习态度"。

再以"周"为单位将"随科·随堂"评定的统计数据上报学校。

保证了整个"随科·随堂"在累计总量中不缺失数据，且在真正意义上做到了"多样性、多维度、个性化"的评定。

2. 数据采集的设定因素

将其化整为零分天分内容的测评就是为了在"多样性、多维度、个性化"采集数据过程中，更有侧重点地予以评定。从表面上看是"分开"评定，实则是更有"针对性"的评定。

其中，第一维度的"知识技能、学习方式、学习态度"，是多样性目标的维度体系，既有对教师课程设定、教学目标的落实，教师教学严谨性的评定，也有对学生掌握能力的评定，更有对学生对于当日学习态度的监测。

第二维度是对学生"数学思考、解决问题、情感态度"的评价。监测了学生举一反三、学习兴趣、学习态度等不同方面的能力。

（三）随堂评价的案例分析

在"随科·随堂"测评打分前，我已经将"六年九班数学课"作为实验班级测评的信息传达给学生们，这是对学生的尊重，同时也唤醒了学生对成功的追求。人人都认为自己能行，都希望自己在各方面比别人做得更好。

以《扇形统计图》《百分数应用二》两个案例，与大家分享。

【案例一】

1. 教学内容：《扇形统计图》

2. 评定方法：通过第二维度中的"数学思考、解决问题、情感态度"评定学生观察能力、逻辑思维能力、语言表达能力。

3. 课堂教学准备与实操

在感知扇形的特征时，安排了如下的教学内容——直接出示一把扇子，打开后观察。

师：观察扇子的这个面是什么形状？

生：小半个圆形，圆的一部分，扇形……

师：今天我们学习"扇形"统计图，你想知道扇形的哪些相关知识呢？

生1：扇形也像我们学过的平面图形一样有名称吗？它们各叫什么？

生2：扇形和我们学过的圆有关系吗？

生3：扇形统计图有什么特点？

生4：扇形统计图与其他统计图有什么区别？

生5：扇形统计图在生活中有什么作用？

……

4."随科·随堂"评分权重分值与评分方法

通过上述教学过程中的师生对话，我开始测评实操。

无论学生提出什么问题，只要跟扇形有关，我都从学生的"数学思考、解决问题、情感态度"予以评定。

| 数学思考 | | | | 解决问题 | | 情感态度 | |
|---|---|---|---|---|---|---|---|
| 逻辑推理 | 空间想象 | 几何直观 | 数学运算 | 策略方法 | 创新意识 | 学习兴趣 | 抗挫能力 |
| 3 | 3 | 3 | 6 | 12 | 3 | 3 | 3 |

再将其细分为三个小维度设定评分体系（如图），每个小维度会设定一个最高分。实际评定过程中，将《扇形统计图》与第二维度相结合，主要是因为课程内容中更突出对"逻辑推理""空间想象""几何直观"的认

知。所以在评定过程中我不仅从"数学思考"的维度打分，还注重了学生的学习兴趣。在我提出问题后积极思考、积极举手发言、积极提出不同理解（无论发言对错），都在评分分值区间得高分，即：积极思考回答问题者满分左右，反之则低分。

下图所标注的随机案例中，序号分别为 11 和 12 的两名学生在当日当节数学课中表现截然不同。

| 序号 | 姓名 | 数学思考 | | | | 解决问题 | | 情感态度 | |
|------|------|----------|--------|--------|--------|----------|----------|----------|----------|
| | | 逻辑推理 | 空间想象 | 几何直观 | 数学运算 | 策略方法 | 创新意识 | 学习兴趣 | 抗挫能力 |
| 1 | 刘宇轩 | 2 | 2 | 2 | 5 | 7 | 2 | 3 | 3 |
| 2 | 刘星震 | 3 | 3 | 3 | 5 | 9 | 3 | 3 | 3 |
| 3 | 刘梓奕 | 3 | 3 | 3 | 6 | 12 | 3 | 3 | 3 |
| 4 | 刘沛鑫 | 3 | 3 | 3 | 6 | 12 | 3 | 3 | 3 |
| 5 | 刘美含 | 3 | 3 | 3 | 6 | 12 | 3 | 3 | 3 |
| 6 | 刘迦南 | 3 | 3 | 3 | 5 | 11 | 3 | 3 | 3 |
| 7 | 刘馨灿 | 2 | 2 | 2 | 5 | 7 | 3 | 3 | 3 |
| 8 | 周昊玉 | 2 | 2 | 2 | 4 | 8 | 2 | 2 | 3 |
| 9 | 周禹含 | 3 | 3 | 3 | 6 | 12 | 2 | 3 | 3 |
| 10 | 唐梓航 | 3 | 3 | 3 | 6 | 12 | 3 | 3 | 3 |
| 11 | 姜采君 | 2 | 2 | 1 | 2 | 3 | 1 | 1 | 1 |
| 12 | 孔令甲 | 3 | 3 | 3 | 5 | 12 | 3 | 3 | 3 |
| 13 | 孙海艺 | 2 | 2 | 2 | 5 | 7 | 2 | 2 | 2 |
| 14 | 张子孟 | 2 | 2 | 2 | 4 | 8 | 2 | 3 | 3 |
| 15 | 张展宁 | 2 | 2 | 2 | 4 | 8 | 3 | 3 | 3 |

序号 12 的孔令甲，在课堂中积极思考，且发现总结出"扇形和我们学过的圆有关系"，积极说出"扇形统计图"在日常生活中的应用，而且能够掌握课堂中授课内容，很好地吸收了知识。

与此同时，序号 11 的姜采君同学，在课堂整体教学过程中，认知了扇形与其扇形的统计图，他在完成课标任务的评定中只能算为知道了解状态，这与该名学生日常学习基础也有一定关系。所以，在评分过程中其他各项都得分非常高，在"数学思考——逻辑推理、想象空间、几何直观"三方面得分较高，又因为他当堂在练习"扇形统计图"过程中对的比错的多，所以"数学思考——数学运算"3分满分得了2分。但其他延展性知识，尤其是学完后不能举一反三，在变换非教学例题外都不能很好地运用并迁移知识，所以"解决问题——策略方法、创新意识"是当堂最低的。该名学生又因为当堂的学习态度消极，在当日测评过程中，"情感态度——学习兴趣、抗挫能力"得分非常低。该名同学也是本班测评结果较低的同学之一。

5. 案例小结

通过"随科·随堂"的当日测评结果可看出，"多样性、多维度、个性化"的测评方式是根据科学的权重分值进行定向，通过真实采集学生"随堂"表现情况做数据化客观定量分析。这种既有"定向"又有"定量"的评价方式，使其综合评定的可参考性更趋于真实。

但是，作为教育工作者，发现问题的同时更应该解决问题。这也是"随科·随堂"中"个性化"的目标之一。课后，我与测评分值不高的姜采君同学进行了谈话，找到他对《扇形统计图》这节课理解不好的地方，进行逐一细化多次讲解，进而提升他的学习成绩，助其找回自信。

【案例二】

1. 教学内容：《百分数应用二》

2. 评定方法：通过第一维度中的"知识技能、学习方式、学习态度"评定学生的知识理解能力、运用能力、自主学习能力和表达能力等。

3. 课堂教学准备与实操

在《百分数应用二》这节"随科·随堂"的当日测评的数学课上，教学主要表现为以下形式：

师：同学们，今天我们继续学习百分数应用题。请大家看大屏幕，这4个数学信息有什么特点？

数学信息：

①一种小麦，烘干前的质量是1000kg。

②烘干后质量减少了10%。

③小麦烘干后的质量是900kg。

④小麦烘干后质量减少100kg。

生1：这四个信息中任何两个信息都是相关联的。

师：你的观察能力真强，是一个细心的孩子。

生2：①③④是具体数量，第二个是分率。

师：看出来你认真思考了。

生3：这四个信息都是关于小麦烘干前、烘干后、增减变化的信息。

师：你的发现很有意义。

【教学过程中的内心独白】在我眼中每一个学生都是独特的，也是出色的。我乐于挖掘每一位学生的潜能，并给予充分的肯定和欣赏。

师：下面请你先独立思考，选择两个信息并提出关于百分数的问题，将解决办法记录在学习单上，并与小组成员交流，看哪个小组提出的问题有意义，并且提得多。

学生汇报后我依次给予个性化评价如下：

师：你能将百分数应用题和分数应用题建立联系，构建了知识之间的桥梁，给你点赞！

师：你的逻辑思维能力很强，借助线段图的方法解决问题值得大家学习！

师：你说得真棒，你综合了前面同学的优点，你的发言既能体现你的思考，又能完美地表达出来。希望同学们像他一样。

【教学过程中的内心独白】在课堂中我善于采用语言激励给予学生个性化评价。如："说得真好""思考得很全面""了不起""讲得很明白""思路清晰""你有一双善于发现的眼睛"等。在本节课中，我除了用语言激励学生，还采用了小组互评和赋分的方式评价学生。

师：第一组同学整体的发言都非常好，请其他小组成员说一说他们的优点。

生4：第一组同学整体讲得都很有逻辑性，语言组织得也挺好。

生5：第一组同学讨论的时候氛围很好，汇报的时候声音洪亮，讲题讲得很明白，让人一听就懂。

生6：给我印象最深的是第三个同学，他借助线段图解决了问题，并且用了两种方法，我想他在讨论时，一定是认真倾听了组内其他同学的观点，他的语言也很简洁，我要向他学习！

师：你们说得太棒了，他们在交流的过程中，互相倾听，能积极参与合作学习，敢于表达自己的思考、观点，顾及其他同学需要，以小组合作的形式积极探索百分数应用题的解决办法。第一组全体同学在知识技能、学科素养、学习品质三方面都是A等。

……

4."随科·随堂"评分权重分值与评分方法

六年级上学期数学课程设定中,《百分数应用题二》是教学重点内容之一。此次"随科·随堂"过程中,我主要测评了学生的"知识技能",另外辅佐于"知识技能""学习方式""学习态度"也是学好本单元的重要因素之一。

| 知识技能 | | | 学习方式 | | 学习态度 | |
|---|---|---|---|---|---|---|
| 知识理解 | 知识运用 | 技能应用 | 自主学习 | 合作学习 | 学会倾听 | 表达能力 |
| 10 | 10 | 20 | 6 | 6 | 6 | 6 |

| 序号 | 姓名 | 知识技能 | | | 学习方式 | | 学习态度 | |
|---|---|---|---|---|---|---|---|---|
| | | 知识理解 | 知识运用 | 技能应用 | 自主学习 | 合作学习 | 学会倾听 | 表达能力 |
| 1 | 刘宇轩 | 8 | 8 | 17 | 3 | 3 | 3 | 3 |
| 2 | 刘星震 | 10 | 9 | 18 | 5 | 5 | 4 | 5 |
| 3 | 刘梓奕 | 9 | 9 | 20 | 6 | 6 | 6 | 5 |
| 4 | 刘沛鑫 | 10 | 10 | 20 | 6 | 6 | 6 | 5 |
| 5 | 刘美含 | 9 | 9 | 18 | 6 | 5 | 5 | 6 |
| 6 | 刘迦南 | 10 | 9 | 19 | 5 | 5 | 5 | 4 |
| 7 | 刘馨灿 | 8 | 8 | 17 | 3 | 4 | 2 | 3 |
| 8 | 周昊玉 | 8 | 7 | 17 | 3 | 3 | 4 | 3 |
| 9 | 周禹含 | 10 | 10 | 20 | 6 | 6 | 6 | 5 |
| 10 | 唐梓航 | 10 | 10 | 19 | 6 | 6 | 5 | 5 |
| 11 | 姜采君 | 5 | 4 | 10 | 3 | 2 | 1 | 2 |
| 12 | 孔令甲 | 10 | 9 | 20 | 6 | 5 | 6 | 6 |
| 13 | 孙海艺 | 7 | 7 | 11 | 4 | 4 | 3 | 2 |
| 14 | 张子孟 | 8 | 7 | 16 | 3 | 3 | 4 | 3 |
| 15 | 张展宁 | 8 | 9 | 17 | 3 | 4 | 4 | 4 |

在此节《百分数应用题二》教学过程中,"知识技能——技能应用"同学们掌握得普遍较好,所得分值较高,在45名同学参与测评综合数据中,此项评分的平均成绩在16.07分,高于其他课程教学。(测评维度见

上表，全班当日"随科·随堂"成绩详图见附表）因为本节课在教学设计过程中与同学们互动较多，无论是小组回答还是个人回答，都直接反映在"随科·随堂"测评过程中"学习态度——表达能力"这一项评分中。

5. 案例小结

在本节"随科·随堂"实际教学过程中，我对同学们的回答进行了挖掘，挖掘出其中有价值的内容加以肯定，"让学生体面地坐下去"。班上一名基础较差的同学这样说道："在徐老师的课堂上能把自己最真实、最自然的感受表现出来，即使错了也能引起大家的注意，我进步了！"

听了这名同学的"表白"后，我对"随科·随堂"测评有了新的认知，深度思考后，我进一步调整了教学方式，在其后的授课中，我延续原有教学风格外，在课堂教学中我还采用物质奖励、肢体鼓励、免作业奖励等多样化的评价方式，建构起情感态度、知识能力并重的多维立体的评价体系，聚焦学生的学习能力、参与状态、交往状态和情绪状态，以促进学生学习的信心与兴趣。针对不同孩子的需求，给予不同的奖励，以达到最佳的激励效果。这样方式多样的评价，使基础较好的学生更乐于表达自己的想法。而对于基础较差的学生，我也尽量选取他的闪光点，对学生进行微笑、点点头、竖个大拇指、拍拍肩膀、摸摸头等。一位同学的家长给我送了面锦旗："严谨治学、宽厚育人"。

"随科·随堂"评价调动了学生主动学习的积极性，给学生充分思考的空间，让学生真正成为了学习的主人。

（四）实战总结

通过本学期文艺二校开展"随科·随堂"评价，再进一步通过案例分析不难看出多样性、多维度、个性化随堂评价的必要性。

【多样性】

文艺二校责任担当，"多学科"多样性地进行"随科·随堂"评价，优化的不仅是教学，更是教育观念的转变与提升。

课堂教学质量是学生培养过程中最重要的环节，是文艺二校发展的生命线。教学质量评价体系的建立，必须以大数据为依托，才能保证评价的科学性与有效性，借助大数据技术对教学质量进行评价与分析已是必然趋势。因此，教学质量大数据分析挖掘平台首先采集数据，建立基本状态数据库，然后对数据进行多维度评价和多方面分析，用于指导教学工作的改进。

如果拥有大数据，必然与其多样性教学过程中数据采集为依托，从而建立科学的教学质量评价体系，培养出更多合格的、适应新时期发展要求的人才。

【多维度】

随着教育观念的转变，教材体系的更新，教育对象的变化，把责任担当升一个层级，不满足现有精熟技艺，而要在教学实践中不断创造适合不同教育对象的独特方法，适时选择活生生的教学材料，不断自觉地使教学实践得以提升。

而文艺二校设定的六个大维度（15个小维度）中，涉及"知识技能、教学思考、解决问题、情感态度、学习方式、学习态度"等等，这种评价体系是从多角度欣赏学生并能因材施教。不仅关注知识技能的评价，也关注情感与态度、过程与方法、学生学习品质的评价。

【个性化】

品悟"随科·随堂"学生个性表现画像，进行多维度课堂评价是未来教师对学生动态观测的一种全新方式。"多样性、多维度、个性化随堂评价"是一种全新的评价方式，学生不再被动接受老师的灌输。多样性、多维度、个性化评价通过大数据呈现出学生全方位的真实画像，这样的评价系统也实现了对学生动态化、过程化的真实客观评价，能够真正意义上"引领、指导与促进"文艺二校教学质量不断提升。

# 第二节　基于新技术的小学个性化教学课例

## 一、语文——反转课堂案例，体现课前预学

### （白露）

#### 《威尼斯的小艇》教学设计

| 一、教学内容 |
| --- |
| 本课是部编版五年级下册第 8 单元《威尼斯的小艇》第一课时的内容。 |

| 二、教学目标 |
| --- |
| 1. 知识与技能：认识 7 个生字，会写 10 个生字。正确读写"小艇、船艄、船舱、保姆、祷告、哗笑、停泊、威尼斯、纵横交叉、操纵自如、手忙脚乱"等词语。<br>2. 过程与方法：朗读课文，背诵课文第 4—6 自然段，积累自己喜欢的语句，通过学习课文，了解威尼斯独特的风情、小艇的特点、船夫的驾驶技术及小艇同威尼斯的关系。<br>3. 情感态度与价值观：领会作者抓住事物特点并把人的活动同事物、风情结合起来描写的表达方法。 |

三、学习者分析

本课授课对象为小学五年级的学生，学生已经掌握了一定的阅读方法，能够抓住重点词语理解文章内容，能够较为准确地从文中提取信息，具有一定的分析问题、解决问题能力。课前通过收集资料学生对作者及威尼斯有了一些了解。但是作者是怎样细致观察，抓住小艇特点，运用恰当的表达方法进行精彩描写的是学生理解上的难点。需要教师进行引导、点拨，使学生领悟文章的表达方法，真切感受小艇与人们日常生活的密切相关，感受威尼斯的异域风情之美。

四、教学重难点分析及解决措施

教学重点：让学生了解小艇的特点、船夫的驾驶技术和小艇与人们生活的密切关系。

解决措施：在课前用图片和视频了解世界各地美景，激发学生兴趣，运用了"情境创设法""问题探究法""点拨启发法""朗读体会法"等学习方式，重点促进学生学习兴趣养成，调动学生们的学习积极性。

教学难点：学习作者是怎样抓住事物特点并把人的活动同景物、风情结合起来描写的。

解决措施：我使用了"自主学习""合作探究""游戏互动"等学习方法辅助教学，有效地突破了教学重难点，保证教学目标的顺利达成。

五、教学设计

| 教学环节 | 起止时间 | 环节目标 | 教学内容 | 学生活动 |
| --- | --- | --- | --- | --- |
| 一<br>预习交流<br>激发兴趣 | 0′00″—<br>4′23″ | 激发学生学习兴趣。 | 播放威尼斯微课视频，了解威尼斯水城特点，感受威尼斯独特风情。 | 师生互动，分享课前预习中的感受，以及提出自己的好奇之处。 |
| 二<br>基础过关<br>整体感知 | 4′24″—<br>9′23″ | 巩固识字，了解文章主要内容，抓住重点问题。 | 1. 我来过"识字"关。<br>认读词语：<br>小艇、船艄、船舱、雇定、保姆、祷告、纵横交叉 | 1. 学生认读词语、学生参与评价。 |

续表

| 教学环节 | 起止时间 | 环节目标 | 教学内容 | 学生活动 |
|---|---|---|---|---|
| 二<br>基础过关<br>整体感知 | 4′24″—<br>9′23″ | 巩固识字，了解文章主要内容，抓住重点问题。 | 2. 我来过"解词"关。<br>解释词语：<br>小艇、船艄、雇定、皮垫、祷告<br>3. 教师追问你知道课文中的老人是信什么教，向哪位天神祈求吗？<br><br>4. 朗读课文，感知主要内容。<br>课文围绕"威尼斯的小艇"主要介绍了（　）（　）（　）这三方面的内容。 | 2. 学生解释词语、学生参与评价。<br><br><br>3. 学生回答，夹着圣经是基督教徒，他们的主是耶稣。总结学习方法，读文要仔细。<br>4. 学生回答"小艇的作用"。离开小艇人们无法生活，所以小艇与人的关系十分密切。 |
| 三<br>合作探究<br>释疑品读 | 9′24″—<br>25′29″ | 探寻"小艇的特点"，了解在抓住特点的同时，还可以运用比喻使句子更加形象生动。 | 1. 预习时我们观看了微课，不知道对你理解文章的哪几部分有帮助？<br><br><br>2. 探寻"小艇的特点"作者能把小艇介绍清楚，就是因为抓住了特点。（板书：抓特点） | 1. 学生交流<br>第一自然段：威尼斯河道多，小艇多<br>第五、六自然段：小艇与人们的生活息息相关。<br>2. 学生组织展示交流自己找到的小艇特点和画的小艇。<br>学生：谁来评价、补充。（其他学生补充纠正。）<br>最终的答案是：窄、深翘、轻快灵活。 |

| 教学环节 | 起止时间 | 环节目标 | 教学内容 | 学生活动 |
|---|---|---|---|---|
| 三<br>合作探究<br>释疑品读 | 9′24″—<br>25′29″ | | 3. 对比读文，感受哪一段写得好，为什么？ | 3. 小组讨论，学生交流：明确运用了比喻，更生动更形象，文学性更强了。 |
| | | 探寻"船夫的驾驶技术高"，明确总分段式和按照难度的递增顺序写的。 | 1. 通过品读课文，我们了解了语言文字背后的秘密，马克·吐温先生在介绍船夫的技术上有什么小妙招。<br>2. 课文第三段打乱顺序。<br>3. 通过刚才的排序，谁发现了作者在表达上的秘密？ | 学生排序。<br>第一句：因为这是中心句，放在开头起什么作用？（总领全文）那下面的话肯定都是围绕这一句话来说的（这是总分段式）。（学生交流）引导学生明确总分段式和按照难度的递增顺序写的。 |
| | | 探寻"小艇与人们生活的密切关系"，了解动静结合的写作方法。 | 1. 现在请同学们伴着优美的音乐自由朗读五、六自然段，走进马克·吐温先生为我们细细描绘的威尼斯人的日常生活，感受水城威尼斯的独特风情吧!<br>2. 这部分写了威尼斯白天的（ ），夜深后的（ ），一动一静，这是动静结合的写法。 | 1. 学生配乐朗读。<br><br>2. 学生讨论交流。 |

| 教学环节 | 起止时间 | 环节目标 | 教学内容 | 学生活动 |
|---|---|---|---|---|
| 四<br>回顾课文<br>归纳写法 | 25′30″—<br>29′29″ | 回顾课文内容，总结课文写作的关键之处。 | 本文介绍的是威尼斯的小艇，如果让我们来写，很多人会写成说明文，但是作者却写得很生动富有生机，这是为什么呢？<br>这种物、人、景相融合的表达方法使文章充满了生气。（板书：物景人） | 因为他不但抓住小艇的特点，运用了比喻，还写了船夫的驾驶技术，勾画出了一幅水城的美景。 |
| 五<br>拓展运用<br>巩固练习 | 29′30″—<br>38′32″ | 积累一些描写心情的词语 | 学习了这篇课文，我们对于威尼斯和威尼斯的小艇都有了更深的了解，今天来了很多听课的老师，他们要到威尼斯去旅游，想请我们同学当导游，同学们有没有信心介绍好？听好要求：<br>1. 任选自己喜欢的一方面来介绍。<br>2. 可以自己、也可以找对子合作，还可以小组组成导游团。<br>3. 首先要把自己选定的内容读熟练。 | 学生自由练习、学生上台展示。 |

续表

| 教学环节 | 起止时间 | 环节目标 | 教学内容 | 学生活动 |
|---|---|---|---|---|
| 六<br>作业超市 | 38′33″—<br>40′ | | 1. 练习当好小导游，向家长介绍威尼斯。<br>2. 自主阅读《威尼斯之夜》，和课文比较一下，在表达方法上，这两篇文章有什么异同。<br>3. 运用本课学到的表达方法，写写家乡的某处景或某个物。 | 认真聆听。 |

## 二、数学——课堂教学案例，体现课上互动

### （朱艳林）

### 《生活中的数》教学设计

一、教学内容

本节课是北师大版一年级下册第三单元《生活中的数》第7课时练习二中的内容。

二、教学目标

1. 知识与技能：复习巩固100以内的数，使学生能够真正掌握100以内数的读写和大小关系。

2. 数学思考：在具体情境中理解100以内数的意义，提高学生观察分析和逻辑推理的能力。

3. 问题解决：在活动和练习过程中，更好地理解100以内数的意义。

4. 情感态度与价值观：联系生活实际，让学生感悟学习数学的价值，激发学生学习数学的兴趣。

续表

三、学习者分析

本课授课对象为小学一年级的学生，经过半年多的数学学习，现已基本形成了良好的学习习惯，数学练习课是数学教学的难点之一，单纯的做题形式比较单一，内容不能很好地吸引孩子，且教学效果甚微。为了提高学生们的学习兴趣，在课的设计上我充分创设有趣情境引导教学，将本节课的知识点和习题巧妙地融入各种小游戏中。展开了形式多样的师生互动环节。同时利用学校先进信息化手段，例如希沃白板EN5课件、希沃授课助手、答题器等来辅助教学，营造了活泼生动的高效课堂。

四、教学重难点分析及解决措施

教学重点：复习巩固100以内的数，在活动和练习过程中，更好地理解100以内数的读写和大小关系等。

教学难点：在具体情境中理解100以内数的意义，提高学生观察分析和逻辑推理的能力。

解决措施：我充分运用了"情境创设法""问题探究法""点拨启发法""指导训练法"等学习方式，重点促进学生学习兴趣养成，调动学生们的学习积极性。使用了"自主学习""合作探究""游戏互动"等学习方法辅助教学，有效地突破了教学重难点，保证教学目标的顺利达成。

五、教学设计

| 教学环节 | 起止时间 | 环节目标 | 教学内容 | 学生活动 | 媒体作用及分析 |
|---|---|---|---|---|---|
| 一、游戏导入 | 0′00″—4′35″ | 激发兴趣 | 同学们，老师昨晚做了一个梦，梦见自己变成了一个数字，但是却找不到我的好朋友了，你愿意帮助我吗？我的好朋友是个位上是6的数。 | 学生游戏"我的好朋友——个位上是6的数。" | 此处运用希沃白板EN5中的"分组竞争"游戏激发学生的学习兴趣。以课堂小游戏的方式激发学生参与兴趣，游戏化教学，互动教学，课堂氛围更加活跃。 |

| 教学环节 | 起止时间 | 环节目标 | 教学内容 | 学生活动 | 媒体作用及分析 |
|---|---|---|---|---|---|
| 二、复习旧知 | 4′36″—8′35″ | 梳理"生活中的数"这一单元知识点 | 大家是不是还记得生活中的数这一单元的知识。请你仔细想想，说一说这一单元都学习了哪些知识呢？<br> | 生1：数花生，我学会了数的不同数法。<br>生2：数一数，我学会了100以内的大数。<br>生3：数豆子，我学会了100以内数的读法和写法。<br>生4：谁的红果多，我学会了比较数的大小。<br>生5：小小养殖场，我学会了数的相对大小。<br>生6：做个百数表，我学会了100以内数的顺序和其中的规律。 | |

续表

| 教学环节 | 起止时间 | 环节目标 | 教学内容 | 学生活动 | 媒体作用及分析 |
|---|---|---|---|---|---|
| 三、巩固练习 | 8′36″—36′34″ | 通过活动和练习过程，复习巩固对100以内的数的认识——数数、读数、写数和数的大小比较。 | 利用"八仙过海"的情境进行复习。然后根据8位神仙法力尽失，通过完成练习二习题才能找回法力完成习题。<br><br>1. 瞧！这是谁？（铁拐李）小朋友们，你们能帮我填完下面这几道题，找回我酒葫芦的法力吗？ | 1. 生：在练习纸上独立完成。<br>并说清楚是怎么数的。 | 1. 此处用到授课宝，实现将学生做题情况实时传屏功能，同时增进教师与学生互动，教师参与到学生活动中，学生无需离开座位就可以看到其他作品，留住学生精彩瞬间。 |

续表

| 教学环节 | 起止时间 | 环节目标 | 教学内容 | 学生活动 | 媒体作用及分析 |
|---|---|---|---|---|---|
| 三、巩固练习 | 8′36″—36′34″ | 在具体情境中理解100以内数的意义，提高学生观察分析和逻辑推理的能力。 | 2. 师：张果老的法器渔鼓不小心掉到了东海，需要同学们同桌合作才能打捞上来。我们一起看一下要求：同桌合作，一个人拨，一个人写。看看哪一桌配合的最默契。<br><br>3. 师：不巧，汉钟离的宝扇也掉到了海底。被海底的红绿两大家族的鱼争来争去，我们一起去看看谁吃得最多、谁吃得最少，说一说为什么。<br> | 2.（学生现场演示）生：同桌合作一个人拨，一个人写。<br><br>汇报：100以内的两位数，先读写十位，再读写个位。十位上的数表示几个十，个位上的数字表示几个一。<br>3. 生：在80、64、48三个数中，80>64>48，所以80最大，48最小。<br> | 3. 此处运用希沃白板5中的"知识配对"游戏激发学生的学习兴趣。调动学生学习的积极性：<br> |

| 教学环节 | 起止时间 | 环节目标 | 教学内容 | 学生活动 | 媒体作用及分析 |
|---|---|---|---|---|---|
| 三、巩固练习 | 8′36″—36′34″ | 在具体情境中理解100以内数的意义,提高学生观察分析和逻辑推理的能力。 | 4. 师:东海海底也是特别的热闹!瞧,曹国舅带着他的法器玉笏正在和水母大战填数游戏呢。我们一起去看看吧。到大屏幕前按规律填写答案。<br><br>5. 小螃蟹看完热闹,也要回家了喽,可是左边的绿色的房子是谁的家呢?(大于50),右边紫色的呢?(小于50)小螃蟹说了,谁表现最好就让谁送他回家。看看是谁呢?<br> | 4. 学生按照规律填数,并总结在做按规律填空的题时,要先判断是顺数还是倒数,然后再看是几个几个地数。<br><br>5. 学生辨别该数是大于50,还是小于50,边判断边送带数字的小螃蟹回家。<br> | 4. 此处运用希沃白板5中的"选词填空"游戏,激发学生的学习兴趣。调动学生学习的积极性。游戏化教学。<br><br>5. 此处运用希沃白板5中的"趣味分类"游戏,激发学生的学习兴趣。调动学生学习的积极性。互动教学,课堂氛围更加活跃。<br> |

续表

| 教学环节 | 起止时间 | 环节目标 | 教学内容 | 学生活动 | 媒体作用及分析 |
|---|---|---|---|---|---|
| 三、巩固练习 | 8′36″—36′34″ | 在具体情境中理解100以内数的意义，提高学生观察分析和逻辑推理的能力。 | 6. 吕洞宾也遇到了难题，面对三个选项，他的纯阳剑也失去了法力。小猴子摘了38个桃子，大猴子摘的比小猴子多一些。大猴子可能摘了多少个桃子？7. 何仙姑刚想投下她的莲花渡过东海，可是却被四个珠子挡住了去路。我们一起去大战珠子，好吗？在计数器上拨四个珠子，可以表示什么数？用你的小铅笔画一画，写一写。 | 6. 生：因为在96、42、35这三个数中，比38多一些的是42，所以大猴子可能摘了42个桃子。小结：在比较数的相对大小关系时，要注意找到关键词。7. 学生独立完成，并汇报讲解。 | 6. 此处运用答题器，实现教师与全体学生之间的技术反馈，实现师生互动。7. 此处运用希沃白板5中的拖拽功能。让他们自己通过移动、拖拽等方式探索其中数学知识。 |

| 教学环节 | 起止时间 | 环节目标 | 教学内容 | 学生活动 | 媒体作用及分析 |
|---|---|---|---|---|---|
| 三、巩固练习 | 8′36″—36′34″ | 在具体情境中理解100以内数的意义，提高学生观察分析和逻辑推理的能力。 | 强调：用四个珠子组成两位数，看看聪明的你们能组成几种不同的两位数？<br>8. 韩湘子正带着它的紫玉箫来为大家庆祝呢，可是怎么没有声音呢，原来他的法器也失去了法力。咱们看看如何才能帮助他。<br>用2、5、8三张卡片中的两张组成两位数，最大的数是多少？最小的数是多少？ | 8. 学生不断尝试用2、5、8三张卡片都可以组成哪些数，并为这些数排排队。 | 8. 此处运用希沃白板5中的移动、拖拽、克隆功能，让他们自己通过移动、拖拽等方式探索其中数学知识，让学生真正成为学习的主人。 |

| 教学环节 | 起止时间 | 环节目标 | 教学内容 | 学生活动 | 媒体作用及分析 |
|---|---|---|---|---|---|
| 四、课堂小结 | 36′35″—40′00″ | 本环节通过活动，认识到数学与我们每个人的生活息息相关，联系生活实际，感悟学习数学的价值。 | 通过联系生活实际，现在我们已经帮助八位神仙都找回了法力，你们真棒！在这一节课中，同学们运用自己学过的知识解决了这么多问题。其实，数学与我们的生活密切相关。在生活中，我们要活学活用，把学到的每一个数学知识变成自己的本领。 | 学生谈收获。 | 此处运用希沃白板 5 思维导图，实现本节课总结的高效性，更加具有逻辑思维性，让学生更好更快吸收理解知识。 |

五、教学流程图及板书

练习二（生活中的数）
- 游戏导入：我的好朋友——个位上是6的数
- 复习旧知：生活中的数这一单元知识
- 巩固练习：练习二中的活动和习题
- 课堂小结：联系生活实际，感悟数学学习价值

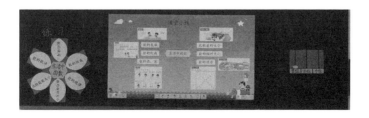

## 三、数学——教师服务个性化学习，学生受益开放性成长

**（王雅楠）**

基于文艺二校构建并倡导的对教师课堂教学中指导学生个性化学习评价的要求，校领导及教学主任带着全新的教师评价表走进了我的数学实践活动课堂——《搭配中的学问》。

在备课伊始我结合中年段学生的学习特点以及本课的教学目标设计了教学的重难点，在课堂教学过程中我引导学生在情境中完成对搭配的理解和方法的探索。整堂课的教学过程十分顺畅，基本实现了我所设计的教学目标。

在课后的评课环节，我对自己的这节课做了回顾，向大家分享了这节课的设计思路和意图，这时候，校部的邱主任对照学校新的《教师指导学生个性化学习评价指导标准》，针对《搭配中的学问》这节数学实践活动课进行了全方位的评价和解读。在肯定优点的同时，也指出了这节课的不足。

邱主任细致的解读让我对"教师指导学生个性化学习"有了全新的认识，由此我也真正理解了什么才是"教师服务于学生的个性化学习"的课堂教学。教师指导学生个性化学习，是要充分考虑到每一个学生所独有的特殊性和个体差异，因材施教，力求让每一个孩子都能在其原有的基础上，使自身的素质得到提升和发展；是让学生在课堂学习活动中选择自己喜欢的方式去展现自己的理解，展示自己的特长，有持续学习的欲望和热情。"教师指导学生个性化学习"意味着对于教师课堂教学的评价从关注教师面向全体"整齐划一"的教转变成从关注教师对学生个性化学习的指导，是以促进学生发展为目标的教学活动。

于是，我带着对"学生个性化学习"课堂理念全新的认识，结合"指导学生个性化学习评价表"中的12项评价指标，针对《搭配中的学问》一课又进行了新的教学设计。

### 三年级上册《搭配中的学问》教学设计

一、教学目标

我首先将教学目标由统一化转变为多元化，让每一个孩子都有学习的动力：

1. 联系生活实际，使学生体会学习数学的意义，培养学生学习数学的兴趣。（简单性目标）

2. 使学生有序思考，做到既不重复，又不遗漏。（基础性目标）

3. 通过观察、动手操作、合作交流等活动方式，掌握搭配的方法。（提升性目标）

4. 在搭配活动中，初步掌握搭配的规律。（拓展性目标）

围绕以上四个递进层次的教学目标，在教学设计上我又进行了进一步的修改，注重体现个性化学习，让每一个孩子都有学习的热情，并在课堂初始鼓励学生自主确定自己的学习目标。在实施教学过程中，我设计了以下教学环节：

二、教学过程

1. 游戏激趣导入，体现分层教学目标。

由简单的反应游戏进行激趣导入，培养学生学习数学的兴趣，并了解有序思考的重要性以及怎样做到有序思考，既不重复又不遗漏的思考方法。

（这一教学环节是基于教学目标中的简单性目标和基础性目标要求而

189

设计的，体现分层次的设计教学目标。）

2. 情境中感知搭配，转变统一体现差异。

我把搭配这个生活中常见的数学问题放置在一个广阔的生活背景中，通过谈话的形式，创设一个"帮小丑选服装"的情境，拉近师生之间的距离。同时，使学生初步感知搭配知识在生活中应用的广泛性和普遍性。在此基础上我引导学生基于对搭配的感知自主确定适合自己的学习目标。

（在课堂开始时就指定差异目标，让教学目标变单一为多元，变统一为有差异，鼓励学生依据自身情况自主确定学习目标，体现学生的个性化学习。）

3. 活动中体验搭配，引领学生自主学习。

在这一环节中，围绕搭配服装这一主题，我设计了相关的实践活动。在这里，我把学生推到主体地位，让学生以小组为单位，通过自己喜欢的方式来解决问题。此处体现了教师问题设计要体现开放性，不规定方法，引导学生用任意的方法来解决问题，启发学生的创造性思维。在学生自主学习和合作学习的过程中，我一直在关注每一名学生的状态，并且有重点地巡视和有针对性地指导。在巡视的过程中我发现学生们的思维十分活跃，呈现了多种解决问题的方法并进行着热烈的讨论，虽然此时与我预想中的教学时间安排有偏差，但我还是根据学生学习情况随时调整了自己的教学节奏和方式，让学生通过动手操作、合作交流一起去发现问题、解决问题。在这个环节里，我向学生提供充分从事活动的机会，在自主探究、合作交流的过程中找到搭配的规律和方法：按一定的顺序，才能不重复、不遗漏。体验搭配的有序性。并使学生觉得数学学习是有意义的，从而产生积极的情感体验和探究开拓的意识。调动学生的多种感官，参与整个学习过程，使学生真正地体验到学习活动的乐趣，体验到数学学科的灵感，体验到合作探究的成功。

（这一教学环节中我始终引领学生进行自主学习，设计有层次、开放性的问题，关注在学习探究过程中学生呈现的个体差异，将个性指导和集体指导合理分配，给学生充分的自主学习时间，恰当地组织分组教学和合作学习。）

4. 学生汇报成果，实施差异评价。

在学生汇报不同搭配方法的过程中呈现了想一想、摆一摆、写一写、画一画、连一连等不同的方式来主动获取知识，教师只是在关键处启发、点拨，留给学生充分的时间与空间，让学生从始至终参与学习知识的全过程，领悟到知识的真谛，鼓励并指导学生表达自己的想法，引导学生说得有理有据，并基于对学生针对性的评价，让每名学生都有收获。在这个环节中，出乎我意料的是有学生运用已有的数学知识，自主探索，大胆猜想，发现并找到较好较快的获得搭配结果的规律，能应用乘法原理来解决搭配的问题，我针对这名同学汇报的方法进行了再次讲解并鼓励学生解决问题应多样化，并且训练学生有序思考的能力，重视从学生的实际出发，通过自主探索交流，自己解决问题，体验成功，充分感受数学来源于生活，又服务于生活。

（在这一教学环节中我悦纳学生的不同见解，引导学生有理有据地表达，并给学生明确的指导性评价，让每名学生都有收获、成长。）

5. 运用拓展搭配，关注个体差异。

在搭配衣服结束后，为了给学生一个综合运用新知识的空间，我让学生运用所学的知识去解决一些实际问题，比如：午餐搭配、设计动物园参观的路线。这是学生身边经常发生的事情，使练习充满了情趣，用生活激活了学生的记忆，巩固了所学知识。

（在教学活动接近尾声时根据学生的个体差异变小，尊重并发展学生的个性化学习，根据分层教学目标中提升和拓展层面的体现而设计。）

6. 学生交流收获，布置弹性作业。

最后我引导学生谈本次学习的感受，引导学生结合自己课前自主确定的学习目标来进行交流，每名学生都有各自的收获。在课堂的最后我设置了弹性作业：

（1）寻找生活中还有哪些好玩的搭配。

（2）完成书上的练习题。

（3）自己设计一道能用搭配中的学问解决的数学问题。

（弹性作业的布置给学生提供可选择的弹性作业，发现和发展学生的潜能，让不同的学生有各自发展的空间。）

三、反思及感受

按照新的教学思路，在整个教学过程中，学生们是在自愿、自觉、自主状态下进行学习的，每一名学生都全情投入，积极主动地参与到探究学习的过程中，进一步加深了他们对知识的理解和运用的能力。

这次数学实践活动课教学后，我开始更加关注学生们在课堂上的学习过程，教学中"以学生为本"的观念也明朗化了。经过一段时间的课堂教学实践，我懂得了"一成不变的教案"不是活生生的课堂所需要的教案，"只重视结果而忽视总体学习过程"的课不是真正意义的教学，用所谓的"标准答案"来评价学生发言禁锢学生思维的教学不是发展学生个性的教学。

在课堂教学中我们不仅要面向全体学生，尊重学生的个体差异，更要依据学生们在学习过程中的个性差异及时调整课堂教学，使每个学生的潜能得到自由而充分的发挥，让课堂迸发创新的火花，真正做到为学生的发展服务。

# 四、英语——精准指导案例，体现课后辅导

（马金鸣）

## 《Around my home》教学设计

我以执教四年英语《Around my home》一课为例，介绍课后辅导的个性化呈现。

### （一）微课推送　助知识梳理

这节课后我发送了自己录制的"there be"句型的基本用法的微课给学生，帮助学生复习本课语法知识。学生们通过这短短5分钟的微课，自己总结出了语法要点，并整理到自己的学习笔记上。这种形式有效地帮助学生及时梳理知识并养成良好的复习习惯。很多学生还向我发来了自己的问题。学生A就提出了there be句型不同句式变化的问题，还引起了其他同学积极地讨论参与，一时间学生A的留言区里收到了多名同学回复，真正让我见识到了孩子们自己的学习力。我也第一时间就了解了学生A的学习困难并及时解答了他的问题，真正实现了点对点的交流与指导。

### （二）习题推送　助因材施教

本节课后我通过教育平台的"教学资源"发送客观选择题，检测学生对教学难点的掌握情况。点击发送后就看到成绩统计的小数字不断地跳动着，1，2，3……随着完成数量的不断增加，对答题结果的正确率也在更

新分析中。很快一个班级成绩报表就以统计图的形式呈现在我眼前，让我真正体会到了大数据时代的高效。以前批改一个班级的习题可能会占用我很长时间，而且还不能精确地记住哪个孩子做错了，有了平台发送习题这个功能，一下子就筛选出对错，还能精确到每道题哪些学号的孩子错了，我一下就找到了需要单独辅导的学生。根据学生们不同的错误我第一时间有针对性地发出辅导的讲解内容，再加练两道相同类型的题查缺补漏。孩子们也知道躲不过老师的"追踪式"指导，更加积极主动地配合我了，学习也更加主动了。文艺二校云平台在我和学生之间搭建起了快速交流的通道，我的纠错更加及时，学生的修改更加有效，真正实现了精准辅导，因材施教。

### （三）班级空间　助作业丰富

通过本课的学习，学生能够用英语对自己的家进行介绍。课后平台上的班级空间就有10多名同学晒出了自己家里的介绍。学生A用流利的英语配合着还不太娴熟的视频录制技巧带我走入了她温馨的小家；擅长绘画的学生B上传了自己手绘的房间并配上了工整的英语房间介绍的小作文；我最喜欢的就是学生C用不太流利的英语朗读了房间介绍的课文，这对于性格内向不善发言的C来说是一次飞跃性的进步。孩子们通过自己晒的不同形式的作业增进了了解，学生之间自发组织起来互相评价。学生的作业也成为了学生间互相学习的重要的学习资源。我更是一目了然地掌握了孩子们的学习反馈，帮助学生们纠正语法错误并一对一地指导孩子们及时改错。班级空间的适当应用为学生们开辟了自主展示学习成果的平台，同时也搭建了师生互动的交流平台。

### （四）启发与思考

**1. 激发学生课后学习兴趣**

通过这节"一对一"课后学习的案例，我们不难发现孩子们的学习热情高涨，他们更加主动地参与到课后学习活动中来。最重要的是很多以往课上不能主动参与学习的学生这次也都完成了课后任务。这正是教学平台提供的功能使课后"一对一"辅导变为了现实，每一名孩子都不再躲避课后复习，因为他们知道老师会了解到每一名学生的作业完成情况。将课上教学延伸到课后辅导，这样更有利于激发学生的主动参与课后学习，体会学习的快乐进而促进学生的认知发展，体现学生是学习的主体。

**2. 指导学生精准学习**

通过使用文艺二校教育云教学平台进行"一对一"教学课后辅导，学生完成作业不再受时间和空间的限制。教师也打破了以往传统的检查作业的形式，批改作业时间更加灵活。学生通过使用学生平板电脑直接完成做题一键提交，自动生成结果。教学平台提供的功能使客观题批改更高效，直观反馈出学生个体完成的差异性。习题反馈的统计数据，为教师提供了辅导学生的依据，教师可以及时给做错题的同学进行在线答疑，课后的学习辅导更具有有效性，调动了学生思考的积极性与思维的活跃性。通过教学平台对学生进行真正"一对一"的指导，因材施教。

**3. 拉近课后师生互动距离**

学校教育云平台强大的交互性功能也为课后的师生互动提供了技术可能和便利。打破了传统教学中只有在课堂上才能进行师生互动，现在通过网络搭建的师生信息高速路拉近了师生的距离。帮助了性格内向不善表达的孩子在课后通过自己喜爱的方式与老师进行沟通交流，从而帮他们树立学习的自信心。课后的师生互动帮助巩固了课堂教学的效果。通过教学平台使学生和教师间不再有距离感，孩子们和教师可以进行随时随地随处的交流，让英语学习在课后能进行不断的语用。教育云平台为孩子们创造了全新的英语学习环境，不论是课堂教学还是课后辅导师生互动都畅通无阻，孩子们也乐于参与到课上和课后的学习中来，信息技术帮助学生实现了"个性化"学习，使我的英语教学更智慧、更高效！

## 五、科学——体现探究、实践、微课、互动、与他人联系
### （杨雨晴）

### 《运动与位置》教学设计

| 一、教学内容 |
| --- |
| 本课是苏教版科学四年级上册第2单元《物体的运动》的第一课时的内容。 |
| 二、教学目标<br>1. 科学知识：<br>（1）知道判断一个物体是否在运动，可以看这一物体相对于另一个物体的位置没有发生变化。<br>（2）知道运动的物体在某个时刻的位置，可以用相对于另一个物体的方向和距离来描述。<br>（3）知道世界上没有绝对不动或静止的物体。<br>2. 科学探究：<br>（1）能描述生活中各种各样的运动。<br>（2）能依据不同的参照物判断某一物体是否运动。<br>3. 科学态度：<br>（1）认识到事物的相对性，能从不同的角度看待问题。<br>（2）乐于用所学知识解释日常生活中的运动现象。<br>4. 科学、技术、社会与环境：<br>（1）对生活中常见的物体运动的实例进行研究，寻找其中的奥秘。<br>（2）了解判断物体运动状态的原理及其在日常生活中的应用。 |

三、学习者分析

本课的授课对象是小学四年级的学生，通过二年级上册第3单元《天空中的星体》的学习，学生对物体的位置这一概念已经有了初步的认识，能够使用方向、远近等描述物体所处的位置。同时四年级学生已经对生活中常见的物体运动现象有了一定的认识，能用位置的变化判断物体是否在运动，但关注的比较多的是孤立情境下的物体的运动状态，即同一物体相对于自身而言各部分的位置有没有发生变化，而很少将运动置于两个物体的相互位置有没有发生变化上进行判别，也不能很好地区分运动的形式。为了提高学生们的学习兴趣，在课的设计上我充分创设有趣情境探究教学，将本节课的知识点和实验巧妙地融入各种小游戏、小探究中。展开了形式多样的师生互动环节。同时利用学校先进信息化手段，例如希沃白板5课件、希沃授课助手、答题器、平板电脑等来辅助教学，营造了活泼生动的高效课堂。

四、教学重难点分析及解决措施

教学重点：

1. 学习利用参照物，判断物体是否在运动。

2. 描述位置时，要描述清楚距离和方向。

3. 知道运动是绝对的。

教学难点：参照物在判断物体运动与否时的重要作用。

解决措施：充分运用了"情境创设法""问题探究法""点拨启发法""指导训练法"等学习方式，重点促进学生学习兴趣养成，调动学生们的学习积极性。使用了"自主学习""合作探究""游戏互动"等学习方法辅助教学，有效地突破了教学重难点，保证教学目标的顺利达成。

五、教学设计

| 教学环节 | 起止时间 | 环节目标 | 教学内容 | 学生活动 | 媒体作用及分析 |
|---|---|---|---|---|---|
| 一、开门见山导入新课 | 0′00″—4′35″ | 开门见山导入新课激发兴趣 | 1. 孩子们最近我们一起认识了动物大家族，我们再来和可爱的它们打个招呼吧 | 1. 学生观看视频。 | 此处运用希沃白板EN5播放动物迁徙视频，以动物大家族视频的方式激发学生兴趣，趣味化教学，利用 |

| 教学环节 | 起止时间 | 环节目标 | 教学内容 | 学生活动 | 媒体作用及分析 |
|---|---|---|---|---|---|
| 一、开门见山导入新课 | 0′00″—4′35″ | 开门见山导入新课激发兴趣 | 2. 师总结：大家看我们动物大家族中有很多运动健将呢，那除了这些动物，在生活中还有哪些能够运动的物体呢？<br>3. 看来运动在我们生活当中是无处不在的，同学们你们能给这些运动分个类吗？<br><br>4. 师总结不仅生命体能运动，其实非生命体也能运动，运动在我们的生活中无处不在。 | 2. 学生畅所欲言：飞机、太阳、运动员等等<br>3. 学生汇报：植物、动物、交通工具、大自然的运动 | "点拨启发"的教法，课堂氛围更加活跃。<br>在给动物进行分类时，采用平板电脑，生生手持平板电脑进行分类，分类结束后平板会自动判断对错，并弹出超链接"运动无处不在"。关注到每一个学生。 |

续表

| 教学环节 | 起止时间 | 环节目标 | 教学内容 | 学生活动 | 媒体作用及分析 |
|---|---|---|---|---|---|
| 二、辨别物体的运动 | 4′36″—15′35″ | 寓言故事中的运动——明确运动和位置的关系 | 1.除了生活中有运动，其实寓言故事中也有运动，刻舟求剑的故事，有谁知道可以和我们分享一下。<br><br><br><br>2.教师提问：楚国人可以找到自己的宝剑吗？为什么？<br>3.教师引导学生说出他判断船运动，剑没动的依据——即船的位置发生了变化，剑的位置没有变化。 | 1.学生讲刻舟求剑的故事。<br><br><br><br>2.学生根据生活经验给出答案：船在运动，剑没动（即静止）。 | 此处运用平板电脑，学生讲解结束后，在平板上查阅相关视频，将故事的整个过程可视化。 |

199

续表

| 教学环节 | 起止时间 | 环节目标 | 教学内容 | 学生活动 | 媒体作用及分析 |
|---|---|---|---|---|---|
| 三、哪些物体运动了 | 16′36″—26′34″ | 结合课本，判断哪些事物运动了 | 1. 请同学判断图中汽车的位置变化了吗？<br>2. 给出汽车周围的参照物，此时再问学生汽车的位置变化了吗？（此时学生会说没有变化）<br>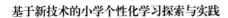<br>3. 教师询问，刚才说位置变化，现在又说位置没变化，让学生解释说明。（此过程帮助学生理解参照物在判断物体是否运动时的重要作用） | 拿出实验探究的器材，小汽车以及风景示意图，进行猜测。 | 本环节采用实验探究的方式，根据老师提出的问题，以小组的形式进行猜想—探究—验证—得出结论。<br><br>此处用到授课宝，实现将学生做题情况实时传屏功能，同时增进教师与学生互动，教师参与到学生活动中，学生无须离开座位就可以看到其他作品，留住学生精彩瞬间。 |

| 教学环节 | 起止时间 | 环节目标 | 教学内容 | 学生活动 | 媒体作用及分析 |
|---|---|---|---|---|---|
| 三、哪些物体运动了 | 16′36″—26′34″ | 结合课本，判断哪些事物运动了 | 4. 明确概念：判断一个物体是否运动要看这个物体相对于另一个物体的位置有没有发生变化。5. 出示课本第二幅图片，此时询问，汽车位置变化了吗？怎么变化的？进而规范运动的描述：以（　）为参照物，他俩的位置发生了变化，（　）运动了。6. 出示课本两幅图：下图中哪些物体在运动/静止？你是怎么判断的？7. 判断特殊场景下物体的运动：a. 判断乘电梯的人是否在运动；  | 学生以规范的语言汇报交流。分析发现：参照物不同，物体的运动状态不同，进而加深体会参照物的重要作用。学生根据所学知识进行判断。 | |

续表

| 教学环节 | 起止时间 | 环节目标 | 教学内容 | 学生活动 | 媒体作用及分析 |
|---|---|---|---|---|---|
| 三、哪些物体运动了 | 16′36″—26′34″ | 结合课本，判断哪些事物运动了 | b. 在行驶的汽车里，乘客运动了吗？ | | |
| 四、描述物体的位置 | 26′36″—35′34″ | | 创设情境——理解位置=距离+方向<br>1. 展示学校门口地图，以下班后老师叫滴滴为情景，请同学帮老师向滴滴司机描述自己的位置，以学生旧知，大部分学生会以为位置即距离。 | | 创设情境，拉近学生距离，帮助学生认识到科学来源于生活，同时在情境中发现描述位置包括距离和方向两个方面，同时借助描述出租车和同学的位置来巩固新知。 |

| 教学环节 | 起止时间 | 环节目标 | 教学内容 | 学生活动 | 媒体作用及分析 |
|---|---|---|---|---|---|
| 四、描述物体的位置 | 26′36″—35′34″ | | 2. 结合PPT动画，帮助学生理解，在描述位置时只有距离是不行的，同时还需描述清楚方向。<br>打开课本，描述右图中小汽车相对于乘客的位置。<br>学生：小汽车在距离乘客0.2公里的东北方向；<br>小结：运动的物体在某个时刻的位置，可以用相对于另一个物体的方向和距离来描述。<br>请以我为参照物描述一下你的同桌的位置。 | | 此处运用答题器，实现教师与全体学生之间的技术反馈，实现师生互动。<br>  |

续表

| 教学环节 | 起止时间 | 环节目标 | 教学内容 | 学生活动 | 媒体作用及分析 |
|---|---|---|---|---|---|
| 五、运用与拓展—— | 35′35″—40′00″ | 找找没有运动的物体 | 1. 地球转动时，房子与树动了吗？以地球为参照物，房子与树有没有运动？<br>2. 以太阳为参照物呢？以太阳为参照物，房子与树运动了吗？<br>3. 你能找哪些物体绝对不会动吗？<br><br>4. 说说你对"运动是绝对的，静止是相对的"这句话的理解。 | 学生学会规范用参照物表达物体的运动状态。 | 此处运用希沃白板5中的"知识配对"游戏激发学生的学习兴趣。调动学生学习的积极性。<br><br>运此处运用希沃白板5思维导图，实现本节课总结的高效性，更加具有逻辑思维性，让学生更好更快吸收理解知识。 |

续表

| 教学环节 | 起止时间 | 环节目标 | 教学内容 | 学生活动 | 媒体作用及分析 |
|---|---|---|---|---|---|
| 教学流程图及板书 | | | | | |

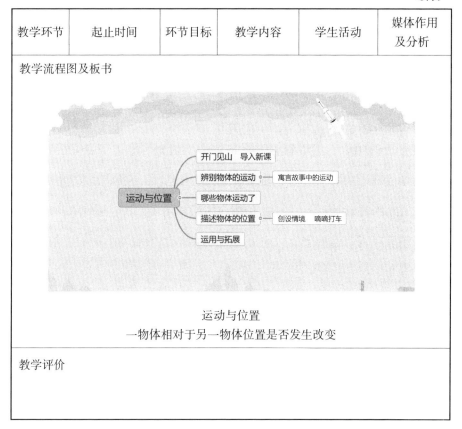

运动与位置
一物体相对于另一物体位置是否发生改变

| 教学评价 |
|---|
|  |

# 六、综合实践活动——跨学科项目式学习
## （康亚男）

【主题目的】

　　教育是多元的，培养德智体美劳全面发展的人才，劳动教育是关键的一环，劳动不能简单理解为洗衣、做饭、打扫卫生，务实、操作、实践皆是劳动，是用人的全部感官去认知和学习。《创意木艺坊》这一主题活动从身、心、灵三个维度，诠释了劳动教育对一个人发展的重要性，木工锻

炼的肌肉群很全面，除了常见运动可以锻炼的手臂肌肉和体力，还会在固定螺丝、安装组件等细小动作上可使用到不常锻炼到的小肌肉群，提升手的灵活性。学生在书本上花费时间长，缺乏眼睛与手的互动，《创意木艺坊》培养孩子的手眼协调能力、动手能力，同时可以拓展书本知识，掌握生活技能。一件作品的完成，经过很多繁杂的操作环节，整个创作过程还需要有极大的耐心，可以培养学生自信心、情感和意志等良好的思想品质，让学生有获得幸福生活的能力。《创意木艺坊》主题活动过程中引导孩子独立思考并让他们自己解决问题，如选择什么工具、选什么材料、怎么加工组装完成自己的创意……可以让学生在自由的空间、自主的探索中真正"学会学习"。

【学习内容】

1. 感受中国榫卯智慧，了解建筑文化

2. 自己动手建房子，设计项目任务书

3. 搭建主题木屋，提高综合能力

4. 项目成果展示，总结分享拓展延伸

【活动方式】

1. 考察探究

2. 设计制作

【相关学科认知背景】

1. 数学运算能力、空间视图能力

2. 美术审美素养、画图能力

3. 语文书写能力、口语表达能力

4. 其他综合知识运用能力等

【主题目标】

1. 价值体认：在感受中国榫卯智慧，了解建筑文化活动中，理解中国传统文化对国家、社会、个人的意义，形成热爱中国文化、传承文化的价值观念，在活动中感受劳动的乐趣。

2. 责任担当：《创意木艺坊》主题活动唤醒学生自我意识和社会意识，在小组合作的过程中提高自我管理能力和表达沟通能力，培养学生的团队责任感、提高社会交往意识、树立文化自信。

3. 问题解决：主题活动实施过程中，学会观察建筑图纸，使用查找资料等方法了解房屋建筑基本结构，了解工具的使用及操作，认识木屋构建材料。

4. 创意物化：在"自己动手建房子，设计项目任务书"探索操作中，形成木屋设计创意，体会搭建木屋、设计木屋创意形成过程，利用搭建组装技术手段形成具有个性化的创意物化作品。

| 任教学科 | 小学综合实践活动 | 姓名 | 康亚男 | 单位 | 沈阳市沈河区文艺路第二小学沈北分校 |
|---|---|---|---|---|---|
| 课　题 | 《创意木艺坊》 | | | | |
| 教材册别 | 自选 | | 课时 | 3 | |
| 一、教学目标 | | | | | |
| 1. 通过活动，了解房屋建筑基本结构，了解房屋构造基本次序，观察建筑图纸并学习使用图纸。<br>2. 通过上网查阅资料法等研究方法收集搭建木屋所需工具和使用方法，从真实生活情境中调查生活中的木艺工具，初识工具使用方法，培养学生的查阅资料、分析归纳材料的能力，提高学生动手操作工具的能力。<br>3. 通过活动，认识到小组合作的重要性，合作中尊重他人、积极参与，培养学生团队意识，培养学生关注社会、参与社会生活的意识和社会责任感。 | | | | | |

续表

| 二、教学重难点 |
| --- |
| 教学重点：学习利用不同材料和工具搭建木屋。<br>教学难点：阅读建筑图纸，了解木屋建筑基本结构和基本次序。 |

| 三、教材分析 |
| --- |
| 本节自选于小学综合实践活动五—六年级开展，通过考察探究、设计制作等方式了解中国建筑文化和建筑智慧，在日常生活中养成学生主动参与木艺创作活动，主动学习、自觉保护传统文化的习惯。通过《创意木艺坊》主题活动的开展，采用"PBL项目式学习"方式，以问题为导向，通过自主探究和团队合作进行木屋搭建，培养学生工程思维、空间思维、社会情感等能力，以传承文化为己任，树立文化继承保护的责任担当。本节课为《创意木艺坊》第二课时"自己动手建房子，设计项目任务书"、第三和第四课时"搭建主题木屋，提高综合能力"。 |

| 四、学情分析 |
| --- |
| 五六年级的学生接触木工构建的机会相对于电子产品较少，因此生活中传统的木艺劳作并不常见。我国历史悠久，木工工艺体现着我国劳动人民的聪明才智，传承优秀的传统文化，重温传统木艺劳作，《创意木艺坊》这一主题为学生提供合理的空间、材料和工具，满足学生善于动手操作的天性，保持探索的兴趣，让学生在真实的生活中体验，拓宽视野，各方面的能力得到充分发展。同时结合五六年级学生年龄特点开设《创意木艺坊》，以学生感兴趣的主题培养学生劳动兴趣、劳动能力和劳动情感。 |

| 五、教学方法和教学准备 |
| --- |
| 教学方法：任务驱动法、讨论法<br>教学准备：PBL项目任务书、木板木条、螺丝、电钻、手套、分组牌等 |

### 六、教学过程

| 教师活动 | 学生活动 |
| --- | --- |
| （一）设置情境　引出新课<br>出示不同木屋图片，赏析并思考木屋的结构和构成。<br>（二）小组合作　分析观察图纸<br>知识点一：木屋建筑基本结构（柱子、房梁、房顶、墙面、门、窗等结构组成，其中尤为重要的是柱子和房梁——作用是什么？） | 生：观看图片并思考木屋的构成。<br>生：柱子和房梁的主要作用——支撑。<br>平板教学：拖拽立体房屋结构模型，感受柱子和房梁的作用 |

续表

| 教师活动 | 学生活动 |
|---|---|
| 知识点二：木屋构造基本次序——房屋单体结构分析（根据立体图，标记主视图、左视图、右视图、后视图）<br>知识点三：木屋构造基本次序——梁柱框架结构图（拆解不同部位结构图）<br>（三）分享工具使用方法　准备房屋搭建<br>课前老师布置学生收集木屋搭建所需工具名称及使用方法，现在请同学们以小组为单位，汇报调查成果。<br>（四）注意事项　安全提示<br>1.工具使用注意安全，戴手套防护；<br>2.木板棱角分明，轻拿轻放避免误伤他人；<br>3.搭建场地较大，不随意跑动；<br>4.注意场地卫生，物品使用后及时收回摆放整齐。<br>（五）填写PBL项目任务书<br>同学们领取任务书，并根据课前小组分配及组内任务分工，填写各自的任务<br>（六）搭建主题木屋　提高综合能力<br>完成本主题第三、第四课时任务：木屋搭建，教师将学生带到指定场地完成本次任务。 | 生：观察图纸，分析房屋单体结构，数学知识迁移，培养学生的图形空间结构<br>生：观察图纸，分析房屋梁柱框架结构<br>生：使用希沃EN5连线工具为工具图片和名称连线，并说明使用方法<br>生：认真倾听安全提示，并补充其他安全提示<br>生：填写项目任务书<br>生：小组合作，综合运用各学科知识完成搭建 |

# 第三节　基于新技术的学生个性化培养应用案例

## 一、德育——以行为习惯问题学生为例，进行个性化评价的意义

### （杨雨晴）

实行学生综合素质评价是促进学生成长和发展的必然需要，是养成学生良好行为习惯，培养学生自尊心、自信心、责任感、集体荣誉感、进取

精神的有效方法。现代社会对人才综合素质的需求和人才标准的多元化，都使基础教育的目标指向了对学生综合素质的培养。实行学生综合素质评价，通过家长、老师和学生多方位多角度的评价和激励，可以增强学生的自尊心和自信心，进而转化为学生不断成长和成功的动力；同时综合素质的评价对学生成长中的个性差异也能起到正确的导向作用，有利于促进学生个性化的发展。

实行学生综合素质评价，是学校进步和发展的必然需要。学校育人，本质上是学校建立了育人的优良环境，这种优良环境不仅仅指优质的教育设施、优良的教师素质，更重要的是建构学生优良的日常成长环境，即优良的班集体环境。学生综合素质评价正是建立在班级基础上的评价，评价促进学生不良行为的改变，学生不良行为的改变又转变为日益优良的集体教育环境。只有每一个班集体的育人环境得到改善，学校的育人环境才能优良，学校教育工作才能不断取得进步和发展。

学生思想道德素养包括道德品质、理想信念、公民素养、健全人格等方面。主要表现为热爱祖国、目标理想、遵纪守法、明礼诚信、关心集体、交流合作、自律自强、环境保护等。

| 评价要素 | 评价内容 | 评价标准 | 评价主体 | 数据采集形式 | | |
|---|---|---|---|---|---|---|
| | | | | 校评 | 师评 | 家长评 |
| 爱国守法 | 认识国旗、国徽 | 认识国旗、国徽 | 一年级 | （是否获得升旗先进班级） | | |
| | | 尊敬国旗、国徽；升国旗时庄重严肃 | 二至六年级 | （是否获得升旗先进班级） | | |

| 评价要素 | 评价内容 | 评价标准 | 评价主体 | 数据采集形式 | | |
|---|---|---|---|---|---|---|
| | | | | 校评 | 师评 | 家长评 |
| 爱国守法 | 唱国歌 | 知道国歌 | 一年级 | （是否获得升旗先进班级） | | |
| | | 熟记国歌并逐步做到唱国歌 | 二年级 | （是否获得升旗先进班级） | | |
| | | 升国旗时庄重严肃，行好队礼，唱好国歌 | 三至六年级 | （是否获得升旗先进班级） | | |
| 诚实守信 | | 不说谎话，有错就改 | 一年级 | | 教师根据实际情况进行评价 | |
| | | 不随便拿别人东西，借东西及时归还 | 一二年级 | | 教师根据实际情况进行评价 | |
| | | 作业不抄袭、考试不作弊 | 三四年级 | | 教师根据实际情况进行评价 | |
| | | 答应别人的事努力做到，做不到时表示歉意 | 五六年级 | | 教师根据实际情况进行评价 | |
| 关心集体 | 参加集体活动 | 能积极参加集体活动，知道自己是集体的一员 | 一年级 | 有无突出贡献 | 教师根据实际情况进行评价 | |

211

续表

| 评价要素 | 评价内容 | 评价标准 | 评价主体 | 数据采集形式 | | |
|---|---|---|---|---|---|---|
| | | | | 校评 | 师评 | 家长评 |
| 关心集体 | 参加集体活动 | 认真完成集体交给的任务 | 二年级 | 有无突出贡献 | 教师根据实际情况进行评价 | |
| | | 积极参加集体活动，多为班级做好事 | 三四年级 | 有无突出贡献 | 教师根据实际情况进行评价 | |
| | | 不做有损于集体荣誉的事情，懂得互相尊重和合作 | 五六年级 | 有无突出贡献 | 教师根据实际情况进行评价 | |
| 尊重他人 | 尊长 | 听从长辈的教育，外出或回家时主动向长辈打招呼 | 一二年级 | | | 家长根据实际情况进行评价 |
| | | 知道父母和长辈的生日，关心父母 | 三至六年级 | | | 家长根据实际情况进行评价 |
| | 尊师爱生 | 不取笑别人，能主动帮助有困难的同学 | 一二年级 | | | |
| | | 主动向父母和老师问好，和同学能友好相处 | 一二年级 | | | |
| | | 不随意翻动他人物品，不随意打扰别人谈话和休息 | 三四年级 | | | |

续表

| 评价要素 | 评价内容 | 评价标准 | 评价主体 | 数据采集形式 | | |
|---|---|---|---|---|---|---|
| | | | | 校评 | 师评 | 家长评 |
| 尊重他人 | 尊师爱生 | 用文明礼貌用语与父母和老师交谈 | 五六年级 | | | |
| 文明守纪 | 文明礼节 | 知道常用的文明礼貌用语，会使用基本的礼节，如握手、鞠躬、招手、敬队礼等 | 一二年级 | | | |
| | | 说话文明，不打架不骂人 | 三至六年级 | | | |
| | 遵守纪律 | 按时上学，不迟到，不早退，有事有病先请假 | 一二年级 | | | |
| | | 上课专心听讲，遵守课堂纪律 | 三四年级 | | | |
| | | 做文明、安全的游戏，不追赶打闹，遵守学校纪律 | 五六年级 | | | |
| 环保卫生 | | 垃圾放进垃圾桶 | 一年级 | | | |
| | | 认真参与学校组织的环卫劳动，平时注意保持校园、教室整洁 | 二三年级 | | | |

续表

| 评价要素 | 评价内容 | 评价标准 | 评价主体 | 数据采集形式 | | |
|---|---|---|---|---|---|---|
| | | | | 校评 | 师评 | 家长评 |
| 环保卫生 | | 注重节约，有随手关灯和随手关水龙头的习惯 | 四年级 | | | |
| | | 爱护公物，不乱刻画，不随意损坏 | 五六年级 | | | |
| 安全自护 | 学生安全 | 珍爱生命，不做危险性的游戏 | 一二年级 | | | |
| | | 了解紧急电话 | 三四年级 | | | |
| | | 遇到紧急或危险情况时知道利用各种紧急电话正确地报警 | 五六年级 | | | |

## 二、智育——以学困生为例，通过数据画像进行精准教学

**（夏咏馨）**

时势造英雄。非常时期造就非常老师。疫情期间，学生停课不停学，教师停课不停教。上课的方式为网课。从第一天上课开始，教师连续几天发现小高同学上课的时间特别短，作业从来没交过。教师在钉钉上给孩子发视频会议，孩子不接。下了课，教师立刻联系了孩子的家长。因为孩子是单亲，假期一直都在爷爷家。老人从不管孩子的学习，他的爸爸和阿姨

也没办法。于是，老师通过电话的方式找到了小高同学，孩子告诉老师，他努力学习过，但是成绩却没有提高。在那之后，他就开始讨厌学习、讨厌上学、讨厌上网课。

面对这样的学困生，这位老师尝试了说教方法，为孩子讲述了很多道理，但效用不大。在一次以钉钉视频会议方式进行的学科学业测试中，老师对孩子进行了行为图像采集。发现他答数学卷时特别认真，答英语卷时一直咬笔、眉头紧皱。紧接着，老师对孩子的数学试卷进行了学业水平测试，发现孩子逻辑思维能力还是很强的。老师整理了材料对孩子进行了智育量表评测，发现孩子只是学习习惯未养成和学习态度不正确，因此采取了针对性策略。

**学习态度智育雷达图**

从学习态度智育雷达图中，我们可以看出孩子对于语文和英语学科学习积极性不高。相比之下，孩子对于数学学科的学习积极性相对较高。而上课提问次数、上课回答问题次数、课上得到老师表扬次数、课上练习题正确次数呈正相关。教师从上课回答问题次数方面着手，鼓励孩子回答问题，增加孩子课上得到老师表扬的次数。孩子认真听讲，课上练习题正确次数增加，从而学习语文和英语积极性有所提高。

对于良好的学习习惯未养成问题，这位老师每天晚上抽出一个小时时间和孩子视频，告诉孩子应该怎么学习，纠正孩子的学习行为，从按时预习、复习的好习惯开始培养。一天一天坚持下来，孩子在一个月后，已经养成在写作业之前拿出书来复习预习。由于孩子汉语拼音基础极差，老师每天利用半个小时视频会议方式和他一起学习汉语拼音，让孩子阿姨把汉语拼音打印出来，贴到孩子的床头，每天读一读、记一记。之后的语文生词考试就要来临了，老师鼓励他说："考100分，老师带你去吃好吃的。"孩子听完特别高兴，认真记，最后考了96分，已经有很大的进步了。最后也换上了荣誉的小头像。

对于学习态度不正确问题。这位老师从其他老师那了解到小高同学玩和平精英的游戏。于是，和孩子阿姨准备唱一出双簧。最后得到了他上课玩游戏的证据，在孩子爷爷家开了一次家庭会议，爷爷奶奶表示要重视起孩子的学习。从那以后，上语文、数学、英语课在连麦列表里都能看到他的名字，每一科的作业都在尽力完成。

信息化技术让这位教师能够清晰知道学困生的问题，更有针对性地对症下药解决问题。从学习习惯、学习技能、学习态度三方面利用信息化技术行为图像采集、学业水平测试、学生成长手册、教师实时采集形式科学系统地分析问题。综上，行之有效的信息化技术让学困问题有了更加具有针对性的解决方法，从而让教师对于学生有了更加精准的教学。

| 智育 | | | | | | |
|---|---|---|---|---|---|---|
| 评价标准 | 评价内容 | 数据采集范围 | 数据采集形式 | | | |
| | | | 行为图像采集 | 学业水平测试 | 学生成长手册 | 教师实时采集 |
| 学业水平测试 | 飞行测试 | 1. 语文百字 | | | | |
| | | 2. 数学计算 | | | | |
| | | 3. 英语单词 | | | | |
| | 月考 | 1. 语文月考成绩 | | | | |
| | | 2. 数学月考成绩 | | | | |
| | | 3. 英语月考成绩 | | | | |
| | 期中 | 1. 语文期中成绩 | | | | |
| | | 2. 数学期中成绩 | | | | |
| | | 3. 英语期中成绩 | | | | |
| | 期末 | 1. 语文期末成绩 | | | | |
| | | 2. 数学期末成绩 | | | | |
| | | 3. 英语期末成绩 | | | | |
| | 核心素养综合评定 | 1. 美术 | | | | |
| | | 2. 体育 | | | | |
| | | 3. 音乐 | | | | |
| | | 4. 道德与法治 | | | | |
| | | 5. 科学 | | | | |
| | | 6. 信息技术 | | | | |
| | | 7. 综合 | | | | |
| 学习习惯 | 预习、复习习惯 | 1. 预习册书写正确率 | | | | |
| | | 2. 回家看课堂笔记的次数 | | | | |

续表

| 评价标准 | 评价内容 | 数据采集范围 | 数据采集形式 | | | |
|---|---|---|---|---|---|---|
| | | | 行为图像采集 | 学业水平测试 | 学生成长手册 | 教师实时采集 |
| 学习习惯 | 完成作业 | 1. 按时完成作业 | | | | |
| | | 2. 独立完成作业 | | | | |
| | | 3. 作业干净整洁 | | | | |
| | | 4. 作业正确率高 | | | | |
| | 阅读 | 1. 朗读字正腔圆，抑扬顿挫 | | | | |
| | | 2. 阅读拼音小故事 | | | | |
| | | 3. 上课专心听讲，认真思考，积极发言 | | | | |
| | | 4. 自觉阅读课外书 | | | | |
| | | 5. 有自己的独立见解 | | | | |
| | | 6. 阅读科普读物与文学作品 | | | | |
| | 书写 | 1. 养成正确的读书写字姿势 | | | | |
| | | 2. 积极思考 | | | | |
| | | 3. 每天预习、复习 | | | | |
| | | 4. 作业干净整洁并且正确率要高 | | | | |
| | | 5. 有自己的独立见解 | | | | |

（表头：智育）

续表

| 智育 | | | | | | |
|---|---|---|---|---|---|---|
| 评价标准 | 评价内容 | 数据采集范围 | 数据采集形式 | | | |
| | | | 行为图像采集 | 学业水平测试 | 学生成长手册 | 教师实时采集 |
| 学习技能 | 学习能力 | 1. 感知能力：有一定的课堂感知能力和课外观察能力 | | | | |
| | | 2. 注意力：在学习情境下的专注水平 | | | | |
| | | 3. 记忆力：识记速度、储存牢固、重现与再认效率 | | | | |
| | | 4. 思维力：分析与综合能力、比较能力、抽象与概括能力、系统化与具体化能力 | | | | |
| | | 5. 想象力：幻想能力、自由联想能力、再造能力、创造想象能力 | | | | |
| | | 6. 语言表达能力：口语、书面语的表达能力及内部语言的外化能力 | | | | |
| | | 7. 操作能力：动作的反应程度、熟练性、准确性和应变性 | | | | |
| | | 8. 学习适应能力：学习适应与调节能力、自我反馈与评定能力、学习方法的选择与创造能力、学习心得经验的总结能力 | | | | |

基于新技术的小学个性化学习探索与实践

续表

| | | 智育 | | | | |
|---|---|---|---|---|---|---|
| 评价标准 | 评价内容 | 数据采集范围 | 数据采集形式 | | | |
| | | | 行为图像采集 | 学业水平测试 | 学生成长手册 | 教师实时采集 |
| 学习技能 | 学习方法 | 1. 会使用常用的工具书 | | | | |
| | | 2. 会倾听、表达与交流 | | | | |
| | | 3. 会做读书笔记 | | | | |
| | | 4. 按时整理错题 | | | | |
| | | 5. 合理利用时间、珍惜时间 | | | | |
| | | 6. 主动进行小组、合作探究性学习 | | | | |
| | | 7. 在实践中学习 | | | | |
| 学习态度 | 对待课程学习 | 1. 上课回答问题次数 | | | | |
| | | 2. 上课提问次数 | | | | |
| | | 3. 课上得到老师表扬次数 | | | | |
| | | 4. 课上抢答问题次数 | | | | |
| | | 5. 参与小组活动次数 | | | | |
| | | 6. 课上练习题正确率 | | | | |
| | 对待学习材料 | 1. 认真对待学习材料 | | | | |
| | | 2. 工整书写 | | | | |

220

## 三、体育——肥胖小学生体育学习效果和体质健康水平的干预研究

**（王紫菲）**

信息技术是促进有效学习、建构知识的工具，对于体育学科来说，信息技术能够更有效地监控教学活动，为师生在教学过程中的追踪监督和评价反思提供数据，从而满足师生双方对个性发展的内在需求。

【研究的目的与意义】

基于上述内容，作者将研究焦点置于"用信息技术支持学生的个性化学习"这一主题之上，力图通过在小学体育教学中强化信息技术的应用，来满足学生的个性化发展。探讨在小学体育教学中，教师利用信息技术关注班级学生的个别差异，针对每位学生的个性化特点实现真正的因材施教。

【研究的对象与方法】

通过《低年段学生体育学习评价量表》对小学一年级学生的体育学习效果数据进行采集与分析，发现小 L 同学体育活动参与度较低，体质健康水平处于"不及格"状态，其中体重指数（BMI）高达20.8，呈现出严重的肥胖问题（根据《国家体质健康标准》，小学一年级男生体重指数≥20.4为肥胖）。

本文以一年级男生小 L 为研究对象，每月同一时段对小 L 体育学习评价量表的数据进行采集与整理，分析数据呈现出的问题，并在后续教学活动中提供针对性指导。以数据获得、加工处理、发现问题、制定个性化方案、行动干预、效果检验/数据获得六个环节为主线，提高小 L 的体育活动

参与度，改善体质健康水平，满足其个性化发展的需要。

【研究的过程与结果】

**（一）基于体育活动参与度数据的干预手段与结果分析**

体育活动参与度由三个评价内容组成，分别是常规体育活动、特色体育活动和校外体育活动。常规体育活动的数据来源为"是否按时参加体育课""是否按时参加课间操"；特色体育活动的数据来源为"是否参加各类体育社团""是否参加各级运动会"；校外体育活动的数据来源为"节假日期间每天是否进行30分钟以上的体育活动"。

通过对行为图像和教师实时采集的数据进行整理，发现小L只有在"按时参加体育课"这一项的数据是正向，这反映出小L的体育活动参与度较低。针对这一问题，作者联合小L的班主任和体育教师制定了个性化的指导。

1. "特殊使命"保证课间操的出勤率

在初步了解情况后得知小L经常以身体不适为由不参加课间操，班主任深入调查并加强与小L家长的沟通，最终确定小L的身体健康状况完全可以参加间操，"身体不适"只是小L逃避间操的借口。

为使小L能够按时出操，班主任将"观察班级同学出操表现"的任务交给了小L，并要求其汇报当天的间操情况。班主任参考汇报内容对本班学生的间操表现提出新要求，而体育老师则在下一次间操中对要求的内容进行肯定。这一过程赋予了小L在间操中的使命感，不仅保证了他的间操出勤率，也提高了间操的质量。

2. "双管齐下"优化体育活动的体验感

儿童具有爱玩的天性，看到有趣的活动，会不由自主地参与其中。小

L是一年级的学生，正是对体育活动有浓厚兴趣的年龄段，之所以出现不参加体育社团、运动会的情况，归根结底是由于体育活动带给他的体验感总是负向的。

小L的体型问题使他在体育活动中表现欠佳，容易受到同学的孤立与嘲笑，久而久之逃避就成了小L保护自己的最后一道屏障。建立自信、获得快乐是让小L能够主动参加体育活动的重要动力。

体育课上，教师通过小L的整体数据分析得出其擅长的领域，将该领域与体育活动相结合，组织各类游戏竞赛，让小L获得更好的游戏体验感，激发其对体育活动的兴趣。如小L擅长数学计算，教师便将数学计算与折返跑相结合，在途中跑环节加入计算题，这样小L在跑步环节中落下的时间，能够在计算的环节中进行补偿，而评价的内容除了跑步速度还增加了计算的准确度，最大程度地提高了小L参加体育活动的体验感。在体活课上，班主任至少组织一个好玩的体育游戏，并提出"自己与自己比"的评价方式，让小L感知到自己的进步，建立自信。

3. "爱好培养"提高校外体育活动的自觉性

如果说兴趣是人们从事某种活动的动力，那么爱好则是人们坚持做某件事情的关键。让小L在节假日每天都进行体育活动，体育爱好的培养必不可少。

体育教师针对小L的身材特点，选择粘靶球、乒乓球、羽毛球等项目，在课余时间为小L传授简单的技术技能，鼓励小L根据自己的爱好选择体育活动，在课间时、放学后适当练习，为体育爱好的养成奠定基础。

经过手段干预，小L体育活动参与度的各项数据均在后续的测量中出现良性变化，详见表1。

体育活动参与度五次测量结果一览表

| 测量次数 | | 1 | 2 | 3 | 4 | 5 |
|---|---|---|---|---|---|---|
| 常规体育活动 | 按时参加体育课 | 是 | | | | |
| | 按时参加大课间 | | 是 | | | |
| 特色体育活动 | 参加各类体育社团 | | | | 是 | |
| | 参加各级运动会 | | | | | 是 |
| 校外体育活动 | 节假日期间每天进行30分钟及以上的体育活动 | | | 是 | | |

### （二）基于体质健康水平数据的干预手段与结果分析

体质健康水平由身体形态、身体机能和身体素质三个评价内容构成。身体形态的数据来源为身体指数（BMI）；身体机能的数据来源为肺活量；身体素质的数据来源为50米跑、坐位体前屈和1分钟跳绳。

通过对教师实时采集的数据进行整理与计算，发现小L的身体指数处于"肥胖"等级，50米跑与1分钟跳绳的测试结果均为不及格。体脂过高、跑跳能力不足是小L体质数据呈现出的重要问题，对此研究制定了符合小L个性化发展的指导方案。

1．"三位一体"加强健康教育

以体育教师、心理健康教师和班主任三位教师组成一个整体，对小L进行健康教育。健康教育以肥胖的原因与危害为切入点，从营养、运动、生活行为方式和心理四个方面与健康的关系进行详细讲解，丰富小L的健康知识，培养小L远离肥胖、健康生活的正确观念，使得干预从知识到信念最终转变成行为的发生与持续。

2."家校合力"规范生活习惯

采用学校与家庭联动的方式规范小L的生活习惯。在饮食上，控制小L每餐食物的摄入量，同时保证各种营养素的均衡配比，多吃粗粮、水果、蔬菜，减少肉食和谷物数量，不吃肥肉和甜食，减少油炸食品。提示小L吃饭时细嚼慢咽，吃到八九分饱即可。在休闲娱乐时，家长减少小L看电视、玩电子游戏的时间，多带小L到室外活动，加强小学生自身能量的消耗，从而减少体内多余的脂肪，达到减重效果。

3."指标监测"让运动科学有效

只有科学合理的运动才会对身体素质产生积极的影响，研究通过测量小L心率和主观感觉的吃力程度来监测运动强度，确保每一次运动科学有效。

运动干预的方法主要是有氧运动，以最大心率的70%进行运动时获得的效果最为显著。根据小L个体情况计算得出，他的最佳运动心率为149次/分；按照伯格运动感觉量表（RPE），当小L主观感觉吃力程度在6—7级时，所达到的运动强度能够实现较好的锻炼效果。

教师在体育活动中根据以上两个指标对小L的运动强度进行监测，并及时作出调整，保证小L的体育活动科学有效。

经过学校与家庭的合力干预，小L体质健康水平的各项指标出现了不同程度的变化。由于身体形态和身体素质的变化是一个漫长的过程，故在体质健康水平测量结果中呈现的是10次测量数据，详见表2。

体质健康水平十次测量结果一览表

| 测量次数 | | 1 | 2 | 3 | 4 | 5 | 6 | 7 | 8 | 9 | 10 |
|---|---|---|---|---|---|---|---|---|---|---|---|
| 身体形态 | 身体指数（BMI） | 肥胖 | – | 超重 | 正常 | – | – | – | – | – | – |
| 身体机能 | 肺活量 | 及格 | 良好 | – | – | – | – | – | – | – | – |
| | 50米跑 | 不及格 | 及格 | 及格 | 及格 | 及格 | 良好 | 及格 | 良好 | – | – |
| 身体素质 | 坐位体前屈 | 及格 | – | – | – | – | – | 良好 | – | – | – |
| | 1分钟跳绳 | 不及格 | 不及格 | 及格 | – | – | – | – | – | – | 良好 |

注："–"表示与上次测量结果相同。

【研究结论】

综上所述，信息技术支持下的个性化教学可以有效地改善学生的体育活动参与度和体质健康水平，提高体育教学效果。

信息技术的不断发展进步为教育领域带来了极大的发展机遇，体育学科也应从各个角度加强对信息技术的运用，优化教与学的方式，从而实现体育教育的个性化发展。

低年段学生体育学习评价模块一览表

| 评价标准 | 评价内容 | 评价主体 | 数据采集范围 | 数据采集形式 | |
|---|---|---|---|---|---|
| | | | | 行为图像采集 | 教师实时采集 |
| 体育活动参与度 | 常规体育活动 | 低年段1—2年级 | 按时参加体育课 | | |
| | | | 按时参加大课间 | | |
| | 特色体育活动 | | 参加各类体育社团（如足球、篮球等） | | |
| | | | 参加各级运动会（方队、项目等） | | |
| | 校外体育活动 | | 节假日期间每天进行30分钟及以上的体育活动 | | |
| 体质健康水平 | 身体形态 | | 身高 | | |
| | | | 体重 | | |
| | | | 身体指数（BMI） | | |
| | 身体机能 | | 肺活量 | | |
| | 身体素质 | | 50米跑 | | |
| | | | 坐位体前屈 | | |
| | | | 1分钟跳绳 | | |

基于新技术的小学个性化学习探索与实践

## 中年段学生体育学习评价模块一览表

| 评价标准 | 评价内容 | 评价主体 | 数据采集范围 | 数据采集形式 | |
|---|---|---|---|---|---|
| | | | | 行为图像采集 | 教师实时采集 |
| 体育活动参与度 | 常规体育活动 | 中年段3—4年级 | 按时参加体育课 | | |
| | | | 按时参加大课间 | | |
| | 特色体育活动 | | 参加各类体育社团（如足球、篮球等） | | |
| | | | 参加各级运动会（方队、项目等） | | |
| | 校外体育活动 | | 节假日期间每天进行30分钟及以上的体育活动 | | |
| 体质健康水平 | 身体形态 | | 身高 | | |
| | | | 体重 | | |
| | | | 身体指数（BMI） | | |
| | 身体机能 | | 肺活量 | | |
| | 身体素质 | | 50米跑 | | |
| | | | 坐位体前屈 | | |
| | | | 1分钟跳绳 | | |
| | | | 1分钟仰卧起坐 | | |

## 高年段学生体育学习评价模块一览表

| 评价标准 | 评价内容 | 评价主体 | 数据采集范围 | 数据采集形式 | |
|---|---|---|---|---|---|
| | | | | 行为图像采集 | 教师实时采集 |
| 体育活动参与度 | 常规体育活动 | 高年段5—6年级 | 按时参加体育课 | | |
| | | | 按时参加大课间 | | |
| | 特色体育活动 | | 参加各类体育社团（如足球、篮球等） | | |
| | | | 参加各级运动会（方队、项目等） | | |
| | 校外体育活动 | | 节假日期间每天进行30分钟及以上的体育活动 | | |
| 体质健康水平 | 身体形态 | | 身高 | | |
| | | | 体重 | | |
| | | | 身体指数（BMI） | | |
| | 身体机能 | | 肺活量 | | |
| | 身体素质 | | 50米跑 | | |
| | | | 坐位体前屈 | | |
| | | | 1分钟跳绳 | | |
| | | | 1分钟仰卧起坐 | | |
| | | | 50米×8往返跑 | | |

量表说明：

本量表共包括两个评价标准，即体育活动参与度和体质健康水平。体育活动参与度的各项指标均用"是"或"否"进行回答，例如：按时参加体育课——"是"。体质健康水平的各项指标，按照《国家学生体质健康标准》的评分规则进行赋分，评分表如下：

## 单项指标与权重

| 测试对象 | 单项指标 | 权重（%） |
|---|---|---|
| 小学一至六年级 | 体重指数（BMI） | 15 |
| | 肺活量 | 15 |
| 小学一、二年级 | 50米跑 | 20 |
| | 坐位体前屈 | 30 |
| | 1分钟跳绳 | 20 |
| 小学三、四年级 | 50米跑 | 20 |
| | 坐位体前屈 | 20 |
| | 1分钟跳绳 | 20 |
| | 1分钟仰卧起坐 | 10 |
| 小学五、六年级 | 50米跑 | 20 |
| | 坐位体前屈 | 10 |
| | 1分钟跳绳 | 10 |
| | 1分钟仰卧起坐 | 20 |
| | 50米×8往返跑 | 10 |

## 单项指标评分表

### 男生体重指数（BMI）单项评分表（单位：千克/米²）

| 等级 | 单项得分 | 一年级 | 二年级 | 三年级 | 四年级 | 五年级 | 六年级 |
|------|------|------|------|------|------|------|------|
| 正常 | 100 | 13.5~18.1 | 13.7~18.4 | 13.9~19.4 | 14.2~20.1 | 14.4~21.4 | 14.7~21.8 |
| 低体重 | 80 | ≤13.4 | ≤13.6 | ≤13.8 | ≤14.1 | ≤14.3 | ≤14.6 |
| 超重 | | 18.2~20.3 | 18.5~20.4 | 19.5~22.1 | 20.2~22.6 | 21.5~24.1 | 21.9~24.5 |
| 肥胖 | 60 | ≥20.4 | ≥20.5 | ≥22.2 | ≥22.7 | ≥24.2 | ≥24.6 |

### 女生体重指数（BMI）单项评分表（单位：千克/米²）

| 等级 | 单项得分 | 一年级 | 二年级 | 三年级 | 四年级 | 五年级 | 六年级 |
|------|------|------|------|------|------|------|------|
| 正常 | 100 | 13.3~17.3 | 13.5~17.8 | 13.6~18.6 | 13.7~19.4 | 13.8~20.5 | 14.2~20.8 |
| 低体重 | 80 | ≤13.2 | ≤13.4 | ≤13.5 | ≤13.6 | ≤13.7 | ≤14.1 |
| 超重 | | 17.4~19.2 | 17.9~20.2 | 18.7~21.1 | 19.5~22.0 | 20.6~22.9 | 20.9~23.6 |
| 肥胖 | 60 | ≥19.3 | ≥20.3 | ≥21.2 | ≥22.1 | ≥23.0 | ≥23.7 |

男生肺活量单项评分表（单位：毫升）

| 等级 | 单项得分 | 一年级 | 二年级 | 三年级 | 四年级 | 五年级 | 六年级 |
|---|---|---|---|---|---|---|---|
| 优秀 | 100 | 1700 | 2000 | 2300 | 2600 | 2900 | 3200 |
| | 95 | 1600 | 1900 | 2200 | 2500 | 2800 | 3100 |
| | 90 | 1500 | 1800 | 2100 | 2400 | 2700 | 3000 |
| 良好 | 85 | 1400 | 1650 | 1900 | 2150 | 2450 | 2750 |
| | 80 | 1300 | 1500 | 1700 | 1900 | 2200 | 2500 |
| 及格 | 78 | 1240 | 1430 | 1620 | 1820 | 2110 | 2400 |
| | 76 | 1180 | 1360 | 1540 | 1740 | 2020 | 2300 |
| | 74 | 1120 | 1290 | 1460 | 1660 | 1930 | 2200 |
| | 72 | 1060 | 1220 | 1380 | 1580 | 1840 | 2100 |
| | 70 | 1000 | 1150 | 1300 | 1500 | 1750 | 2000 |
| | 68 | 940 | 1080 | 1220 | 1420 | 1660 | 1900 |
| | 66 | 880 | 1010 | 1140 | 1340 | 1570 | 1800 |
| | 64 | 820 | 940 | 1060 | 1260 | 1480 | 1700 |
| | 62 | 760 | 870 | 980 | 1180 | 1390 | 1600 |
| | 60 | 700 | 800 | 900 | 1100 | 1300 | 1500 |
| 不及格 | 50 | 660 | 750 | 840 | 1030 | 1220 | 1410 |
| | 40 | 620 | 700 | 780 | 960 | 1140 | 1320 |
| | 30 | 580 | 650 | 720 | 890 | 1060 | 1230 |
| | 20 | 540 | 600 | 660 | 820 | 980 | 1140 |
| | 10 | 500 | 550 | 600 | 750 | 900 | 1050 |

男生50米跑单项评分表（单位：秒）

| 等级 | 单项得分 | 一年级 | 二年级 | 三年级 | 四年级 | 五年级 | 六年级 |
|---|---|---|---|---|---|---|---|
| 优秀 | 100 | 10.2 | 9.6 | 9.1 | 8.7 | 8.4 | 8.2 |
| | 95 | 10.3 | 9.7 | 9.2 | 8.8 | 8.5 | 8.3 |
| | 90 | 10.4 | 9.8 | 9.3 | 8.9 | 8.6 | 8.4 |
| 良好 | 85 | 10.5 | 9.9 | 9.4 | 9.0 | 8.7 | 8.5 |
| | 80 | 10.6 | 10.0 | 9.5 | 9.1 | 8.8 | 8.6 |
| 及格 | 78 | 10.8 | 10.2 | 9.7 | 9.3 | 9.0 | 8.8 |
| | 76 | 11.0 | 10.4 | 9.9 | 9.5 | 9.2 | 9.0 |
| | 74 | 11.2 | 10.6 | 10.1 | 9.7 | 9.4 | 9.2 |
| | 72 | 11.4 | 10.8 | 10.3 | 9.9 | 9.6 | 9.4 |
| | 70 | 11.6 | 11.0 | 10.5 | 10.1 | 9.8 | 9.6 |
| | 68 | 11.8 | 11.2 | 10.7 | 10.3 | 10.0 | 9.8 |
| | 66 | 12.0 | 11.4 | 10.9 | 10.5 | 10.2 | 10.0 |
| | 64 | 12.2 | 11.6 | 11.1 | 10.7 | 10.4 | 10.2 |
| | 62 | 12.4 | 11.8 | 11.3 | 10.9 | 10.6 | 10.4 |
| | 60 | 12.6 | 12.0 | 11.5 | 11.1 | 10.8 | 10.6 |
| 不及格 | 50 | 12.8 | 12.2 | 11.7 | 11.3 | 11.0 | 10.8 |
| | 40 | 13.0 | 12.4 | 11.9 | 11.5 | 11.2 | 11.0 |
| | 30 | 13.2 | 12.6 | 12.1 | 11.7 | 11.4 | 11.2 |
| | 20 | 13.4 | 12.8 | 12.3 | 11.9 | 11.6 | 11.4 |
| | 10 | 13.6 | 13.0 | 12.5 | 12.1 | 11.8 | 11.6 |

# 四、美育——信息化助力学生特长发展

## （刘庆妍）

美育教育是学校教育的重要组成部分，具有培养审美能力、陶冶情操、涵养心灵、健全人格等重要作用。目前，在德智体美劳全面发展的教育体系中，美育处于相对薄弱环节。互联网推动世界发生巨大变革的同时，也正重构着教育生态，更新着教育理念，营造着虚拟的教学环境。作为一种新的技术工具，新技术对美育教育的影响也是全新的。如何有效借助信息化助力学生美育的个性化发展，学校已经开始了积极探索，取得了一些成效。

信息化时代，我们能够收集和处理大规模的信息数据，教育也可以引入信息化大数据的观念，以此来全面地把握学生的个性和特点，使小学美育得到有效性的提升，在促进学生个性的发展过程中发挥出了重要的作用。

新技术在美育中的应用强调让"数据发声"，教师要善于聆听数据发出的声音。教师通过对学生的行为实时采集的数据分析，可以了解学生对美育的认可度、行为偏好等，并全面掌握学生的学习行为、特点及学习效果，为教育教学提供参照，增强教育教学的针对性，提高教育实效和学习质量。

基本情况：

芳芳，女，9岁，三年（2）班学生。

在芳芳同学一年级时，利用在美术课堂中数据信息的收集，发现芳芳在问题互动、语言交流以及在进行艺术作品的创作时有着良好的绘画基础，并且对美术有着浓厚的兴趣，这时我就根据美育量表对芳芳进行更加全面的分析，形成对芳芳在审美能力、艺术技能方面的完整数据。其中芳芳的美术作品库存中有不少于3幅自己喜欢的艺术作品，有一定的美术鉴赏能力，为了促进芳芳同学欣赏能力和艺术技能的进一步发展，我根据芳芳的个性特点和她本身具有的学习能力，为她量身定做属于自己个性化辅导来提高她的美术能力。鼓励并辅导她积极参加校园文化活动和参加各种艺术类展演活动，使她勇于展现自己的能力，培养良好的心理意志品质，取得优异的成绩，使芳芳在活动中有所收获，以此来满足和发展芳芳的兴趣和特长，让她得到更好的发展空间，能够不断进步。接着我又按照教学有特色、学生有专长的思路，突出艺术教育的位置，本着普及提高的原则，在加强音、美课堂教学的同时，文艺二校充分开展第二课堂活动，开设舞蹈、非洲鼓、中国画等社团活动；在芳芳二年级时我又根据芳芳的实际情况鼓励她积极参加美术社团活动，通过数据分析发现芳芳的美术库存中中国画居多，同时对中国传统绘画的兴趣越加深厚，根据文艺二校开设的中国画社团我给予一定的建议和意见，在学校开设的中国画社团中进行集中、系统规范的专业训练，通过让芳芳参加有兴趣的社团活动，才能让她真正融入中国画的兴趣中去，使之成为学习的主动者。

在芳芳进行社团活动的同时，为了充分发挥芳芳的优点，使其形成自身的特点，我不断推荐她参加各级各类的中国画比赛和活动，让她在每一次的比赛、活动中都有收获。通过这样的多种方式培养出文艺二校在美育方面的"王牌学生"，促进芳芳的个性化发展。

同时在美育教学中我们也会进一步通过多种方式收集数据信息，把和芳芳一样有艺术特长的学生进行兴趣分组，进入古筝、舞蹈、小提琴、非洲鼓、书法、中国画、动漫、线描等社团活动。这样可以培养和提高学生艺术素质，促进学生全面发展。

通过实践证明，信息化数据的应用，可以获得更多的传统手段无法提供的教学信息，从这些信息出发，可以使教师的"教"和学生的"学"都更有针对性，从而提高学生的学习效率，随着信息化数据的广泛使用，相信更多教师将会注意到数据的重要性，也会更深层次地挖掘数据背后的价值，分析数据、研究学情、定制方案、促进优化。而基于在使用学生行为数据分析的一些做法和体会，我认为通过新技术信息化的数据分析，可以清晰地感受到利用这些数据进行有效分析，能在教学中充分了解教情学情、把控全局方向，使得教学更为精细化、个性化、高效化。信息化数据的应用还在不断地完善中，随着越来越多教师的使用并将使用过程中的建议加以反馈，新技术信息化数据的应用会更好地为学生个性发展服务。

| 美育 | | | | | 评价方式 | | |
|---|---|---|---|---|---|---|---|
| 评价内容 | 评价主体 | 评价标准 | 数据采集范围 | | 笑脸 | 评等 | 得分 |
| 审美能力 | 全年段 | 欣赏和表达 | 1. 看图、听音乐说话比赛 | | | | |
| | | | 2. 在美术、音乐课堂中学生注意力集中程度 | | | | |
| | | | 3. 学生对艺术作品的表达能力 | | | | |
| | 低年段 | 音乐库建立 | 1. 学生建立的音乐库存中有不少于3首自己喜欢的音乐 | | | | |
| | | 美术库建立 | 1. 学生建立的美术作品库存中有不少于3幅或3件自己喜欢的艺术作品 | | | | |

续表

| 美育 | | | | | | | |
|---|---|---|---|---|---|---|---|
| 评价内容 | 评价主体 | 评价标准 | 数据采集范围 | 评价方式 | | | |
| | | | | 笑脸 | 评等 | 得分 | |
| 审美能力 | 中年段 | 音乐库建立 | 1. 学生建立的音乐库存中有不少于10首自己喜欢的音乐 | | | | |
| | | 美术库建立 | 1. 学生建立的美术作品库存中有不少于10幅或10件自己喜欢的艺术作品 | | | | |
| | 高年段 | 音乐库建立 | 1. 学生建立的音乐库存中有不少于20首自己喜欢的音乐 | | | | |
| | | 美术库建立 | 1. 学生建立的美术作品库存中有不少于20幅或20件自己喜欢的艺术作品 | | | | |
| 艺术技能 | 全年段 | 课堂技能的掌握 | 1. 在美术、音乐课堂中的艺术技能表现 | | | | |
| | | 线上课程完成度 | 1. 线上课程观看情况（点击率） | | | | |
| | | 艺术活动参与度 | 1. 在校园文化活动的参与度（例：主题板报、校队等） | | | | |
| | | | 2. 在各类艺术活动比赛中获奖 | | | | |
| | | | 3. 在各类艺术活动中参与表演或展示 | | | | |
| | | 艺术技能达标 | 1. 会铝板琴（1—3年级）2. 会吹竖笛（3—6年级） | | | | |
| 审美追求 | 低年段 | 社团参与度 | 1. 有1项音乐类艺术特长（例如合唱、古筝、舞蹈、小提琴、非洲鼓等） | | | | |

续表

| 美育 | | | | | | | |
|---|---|---|---|---|---|---|---|
| 评价内容 | 评价主体 | 评价标准 | 数据采集范围 | 评价方式 | | | |
| | | | | 笑脸 | 评等 | 得分 | |
| 审美追求 | 低年段 | 社团参与度 | 2. 有1项美术类艺术特长（例如书法、中国画、动漫、线描、彩泥等） | | | | |
| | | | 3. 参加1个艺术类社团（音乐类社团有合唱、古筝、舞蹈、小提琴、非洲鼓等；美术类社团有书法、中国画、动漫、线描等） | | | | |
| | 中、高年段 | 社团参与度 | 1. 有1—2项音乐类艺术特长（例如合唱、古筝、舞蹈、小提琴、非洲鼓等） | | | | |
| | | | 2. 有1—2项美术类艺术特长（例如书法、中国画、动漫、线描、彩泥等） | | | | |
| | | | 3. 参加1—2个艺术类社团（音乐类社团有合唱、古筝、舞蹈、小提琴、非洲鼓等；美术类社团有书法、中国画、动漫、线描等） | | | | |

## 五、劳育——信息化鼓励性评价　助力学生劳动教育发展

### （王雁雯）

小学阶段是一个人认知发展的关键期，这指向对未来的学习准备、心理准备和身体准备，在这一阶段加强劳动和劳动教育，不仅培养小学生健康的劳动素养和体魄，还增强他们的自理能力、动手能力和创新能力。更

重要的是，使他们在劳动中，感悟到包含着美好、快乐、幸福、道德的爱人和爱己力量。

"一勤天下无难事。"不同时代，劳动被赋予不同意义。新时代，必须要牢固树立劳动最光荣、劳动最崇高、劳动最伟大、劳动最美丽的观念。弘扬劳动精神，引导学生从小崇尚劳动、热爱劳动、尊重劳动、参与劳动，形成劳动习惯，提升劳动品质。新时代更加提倡幸福是靠奋斗和创造出来的，强调人实现全面发展要知行合一、手脑结合。

在劳动价值观的培养上，我们要从六个方面入手：自己的事自己做、家务劳动学着做、学校劳动共同做、种植养殖快乐做、创新劳动喜欢做、公益劳动愿意做。

拿一年级新生值日这件事来说，是学校里最常见的一项劳动教育。想做好这件事，一是平时严格要求全体学生，不允许随便撕纸，教室保持干净，这样放学时，教室里的垃圾就会很少，值日相对容易。二是值日生分工要细，把班里的值日工作分工细化到个人，值日组里的孩子专人专职，扫地的孩子只负责扫地，摆桌凳的人只管摆桌凳，擦窗台、拖地的工作也是专人负责，组长负责监督、检查。扫地分为四组，一组一个人专门负责扫地，扫完自己那一组的地面以后，组长检查完成之后就可以回家，不必等其他人一起走。摆桌凳的两人配合完成之后也是由组长检查完成回家，各组都有专人负责卫生，谁先干完谁先走。孩子们都有一个共同的心理，就是想早点干完早点回家，这样通常五分钟就会值日完成，有效防止了值日生打闹、拖拉的现象，值日效率特别高。

当然，一开始老师要对学生值日数据分析，进行分组指导，指导学生怎样扫地干净，桌凳怎样摆放最整齐，卫生用具怎样摆放等等，大概有三周左右的时间学生就会做得很好了，这时候老师就可以轻轻松松放手了。

　　教师利用班会时间，对表现突出的小组给予一定表扬，利用教学平台加分功能鼓励加分，树立每个孩子的班级责任感，为自己有机会替大家服务感到高兴。在这个过程中我也听了几个值日负责人的意见和建议，和大家聊了怎么样解决值日生边劳动边说话影响值日效率的问题，还有反映在值日的时候某某和某某老是吵架，总是互相告状，结果耽误了大家的值日时间。在班会上大家集体讨论改进的办法，利用平台投票功能选举最佳值日生拍档，最棒值日生、最棒组合、值日效率最高组合，还制定了评价最佳值日生的一些标准提交至平台，这些都是同学们和老师共同思考并制定的，师生共同努力，共同维护班级荣誉，提高值日效率。

# 后记一 只有技术是远远不够的

我们的课题,看起来不"宏大",就像本书一样,太偏重实用和实战,甚至我们的思考,也根植在我们的教学需求之上。随着新一代信息技术被不断地引入到学校教育教学的情境之中,"未来学校""智慧校园""云端课堂""全景教学"……一系列教育领域专有名词层出不穷。但就应用层面而言,新的技术和科技对教育教学实践到底产生了哪些影响?究竟取得了什么样的实际效果呢?

事实上,在过去相当长的一段时间里,技术应用于教育教学,"高成本,低产出""高科技,低学习"成为一种普遍现象。在许多地方的学校里,我们看到教室里的装备层出不穷,花样翻新。从最初的传统幻灯、电脑、大背投电视,到光学投影仪、班班通、实物投影,再到交互式电子白板、LED、触控一体机,乃至现在主流的智能纳米黑板、平板电脑、沉浸式一体机等,技术不断更新。但是使用这些昂贵的教育装备和先进的教育科技的教师的教学行为,以及学生的学习行为,却是滞后的,甚至是低层次的。

课堂上,无论教育装备如何迭代,几乎绝大多数一线教师采用的依旧是二十年前的播放PPT式的传统教学模式。这就非常明确地解释了，为什么这些教育科技并没有取得人们所预期的效果。用拉里·库班的同名书来描述目前教育信息化发展的现状，就是《卖得太多，用得太次》。

难道不是吗？虽然一场全球疫情，把"线上教学"推向了风口浪尖，让教育信息化从来没有像今天这样备受关注，但家长从来没有像今天这样焦虑不安，教学改革从来没有像今天这样迫在眉睫。与此同时，技术与人之间的各种"不对等""不匹配""不协调"也让我们清醒地意识到，单单只有技术是远远不够的。我们需要站在教与学的角度，以学习方式、学习内容的深度转型为依据，思考如何帮助所有的教师和学生充分地应用好教育科技，真正实现"信息技术与教育教学的深度融合"。这实在是个全球性的大课题，也引发了我们对教育思维的模式重构。

除了技术，我们还需要什么？这也是本课题贡献的思考价值。

## 超前思想：宜未雨而绸缪，毋临渴而掘井

文艺二校在教育信息化基础设施的规划建设上，一向具有前瞻性意识，而且行动一直走在前面。早在"九五"期间，学校就开始构建教育信息化发展的规划，意识超前地与省市电教馆、电信部门等展开合作，完成了具有国内领先水平的物理网络架构，成为了沈阳市第一所实现NAS云存储的小学。2004年，学校实现了"班班通"和Wi-Fi全覆盖，"迷你云"与资源库建设初具规模；2008年，学校引进交互式电子白板，开启了网络教学新模式；2012年，学校开始探索"基于数字化环境下的小学一对一教学新模式"，尝试校企联合研发适用于本土化的教学云平台；2016年，学校成功通过教育部首批信息化试点校验收，并顺利成为沈阳市三星数字化

校园。信息化基础条件的日趋完善，为后续学校引进新技术铺平了道路，实现了引领性发展。

## 顶层思考："谋一域"必先"谋全局"

技术难以单方面解决教育教学面临的问题，但技术支撑拓展出来的教与学可能会为学校发展带来新的格局与新的影响。学校提出从顶层设计开始思考，强调硬件、软件、人件、潜件的整体发力，提倡混合思维和跨界思维。"硬件"不必多讲，所谓"软件"，就是要有符合信息化环境下教与学需求的各类平台、分析系统、数字化工具等；所谓"人件"，就是要打造一支与"互联网+教育"时代相适应的，既懂使用之术，又懂融合之道的教师团队；所谓"潜件"，就是要充分发挥教育科研的力量，以课题和项目为引领全面带动学校教育教学信息化变革。

## 系统思路：仁者见仁，智者见智

学校教育信息化的有效推进，除了本身起步早和完整的体制机制制度顶层设计外，还需要有系统的架构思路。比如，如何让新设备助推教学？如何让新技术助益教改？如何让新环境助力师生成长？没有哪一种模式是绝对行之有效的，只要目标清晰，敢于创新，相信办法总比困难多。教育信息化的意义不是浮夸的"与时俱进"，仅仅是让管理、让教学、让学习真正减负增效。一切的指向，都是希望教育变得更好，但路径如何，不过见仁见智罢了。

## 数字思维：路漫漫其修远兮，吾将上下而求索

相对于教学技术，教学思维才是第一位的。理想的教育不是用一款应用、一个平台去解决一个问题，没有一种软件能够完成某个学科全流程的教学。教育信息化的价值发挥，关键不仅仅在于技术，更在于是否通过技术改变学生的学习方式，优化教师的教学方式，提升教育教学的质量。数字思维强调通过多样有效的技术手段，促使学生将某一情景中的所学应用到学习新情景中，从而提升学习过程中学生的认知领域、自我领域、人际领域的核心能力，凸显创新思维和人文精神、审美能力的培育。

今天，我们进入了一个技术无处不在的时代。学生获取知识的渠道和方式因信息技术的发展而多元化；学校里教师的传授和网络上个性化的学习逐渐交织在一起；传统课堂正在向运用互动、体验和探究学习方式，促进知识理解和应用的学习场转变；深度学习和泛在学习将打通课内外学习、混合学习、跨学科学习的界限。这些将成为互联网时代的教育教学新常态。从另一种角度看，这既是一种进步，也是一种"回归"。当技术能替代人进行大量的、重复的、枯燥的工作时，人就有了更多时间去学习、去思考、去享受精神生活，给人类文明带来快速发展的可能。

在这样的背景下，我们对学校教育信息化进行理性的思考和反思，绝不是为了否定教育科技的价值，而是追踪教育的本源，更加全面系统地推动学校教育信息化的发展，充分地展示和科学合理地应用教育科技提升学校教育的生产，让技术催生出更富个性、更加便捷、持续且有效的教育，使教育信息化成为大家所期待的样子。

# 后记二　大数据≠因材施教

## 一、顺应——大数据战略资源

大数据是什么？大数据其实就是海量资源、资料，这些海量资源、资料随时产生，并对全球经济、分配以及社会生活方式和国家治理能力等产生重要影响。信息技术与社会的融合势必引发数据迅猛变化，教育也深受其影响，在大数据背景下，深度追踪、量化学习结果和过程都已成为可能，从而促进教育向智能化、个性化、科学化发展，因此数据成了国家基础性战略资源。

大数据拥有量大、高速、多样、价值性的特点，教育大数据的"全面采集、深度分析与融合应用"和"及时准确发现教与学及管理的问题与需求"充当了应用技术研究的关键。大数据技术属于比较前沿的技术，在教育领域的应用方兴未艾。每位教师对新技术理解不尽相同，把握大数据技术支撑教育变革的发展趋势，超前布局并科学谋划大数据在教学中的应用是重中之重。

## 二、传承——孔夫子因材施教

因材施教这个成语出自《论语》，说的是当子路和冉有请教孔子如果听到一种正确的主张，可以立刻去做吗？面对两个性格不同的弟子，孔子给出了不同的答案。因材施教是教学中一项重要的教学方法和教学原则，在教学中根据不同学生的认知水平、学习能力以及自身素质，教师选择适合每个学生特点的学习方法来有针对性地教学，发挥学生的长处，弥补学生的不足，激发学生学习的兴趣，树立学生学习的信心，从而促进学生全面发展。

今天的因材施教，应涵盖因性别而教、因性格而教、因年龄而教等等，而学生作为鲜活的个体，所呈现出的状态都是极其复合又复杂的。起初教师通过最常用的观察法对学生的特点进行细致观察发现，并逐步了解，之后教师就需要凭着自己的丰富经验和智慧巧妙设计因材施教的方法，让不同的学生得到不同的发展，所谓百花齐放，各美其美。

## 三、探寻——有了大数据就能做到"因材施教"吗

教育部2016年发布的教育信息化"十三五"规划指出，要"依托网络学习空间逐步实现对学生日常学习情况的大数据采集和分析，优化教学模式"。数据的记录和采集促进了因材施教实施的可能性。然而，有了大数据就能做到"因材施教"吗？

### （一）闭门造车怎能互通有无

现如今的时代已由经验说话被更多转向用数据说话、用数据决策、用数据管理，有了数据进而可以精准评估教育教学的过程和效果。我国已经

有了首个面向教育行业、专门从事教育大数据研究和应用创新的国家工程实验室——华中师范大学实验室。

大数据资源充分，主题资源让教师可以方便、快捷地将丰富的学习内容给学生，学生也根据自己的能力、兴趣等，选择适合自己的学习内容，增强学生个体与资源间的互动；大数据实时反馈，教师可以定量统计班级学生对某个知识点掌握的情况，有针对性地教学，还可以很好地保护学生的自尊心；大数据调查统计很快就可以完成调查，统计结果也可以及时呈现出来，根据学生掌握知识的水平，将教学重点做有效的调整；大数据可对比指导，教师借助系统，可以把学生作品的精彩之处和不足之处呈现出来供全班学生借鉴和点评；大数据更可以拓展课堂，让孩子们有充分的时间与空间进行个性化学习。

加速大数据布局，发掘大数据价值，深化大数据应用，已成为地方教育部门及各校教育现代化的内在需要和必然选择。但还是有少数学校甚至地区不重视大数据的使用，固有思想严重，闭门造车，拖后了教师创造性培养学生的步伐，与当今的现状格格不入。

### （二）舍本求末怎能循序渐进

当前，一次测试中无论是教师还是学校往往比较关注学生的平均分、优秀率、合格率，成绩决定论在某种程度上占据了较大的比重，而教师在促进学生精准学习上不仅要分析结果，考量学习行为的过程要素可以形成反映学习情况的数据源，这些才是造成结果的根本原因，舍本求末要不得。

虽有各种数学建模方法和大数据处理技术对数据进行测量，使用者分析与比较也变得尤为重要，看部分还是看整体，侧重看哪里，有了数据怎样进行分析，都是使用者的使用艺术，通过大数据过程性分析，同时利用智能推荐技术，应循序渐进地为学生量身定制更为有效的干预方法和改进措施，并根据学生的学习特点、情况辅之相应的优质教学资源，来保障学生的个性化发展。

**（三）因势利导怎能因地制宜**

大数据往往比较直接地呈现我们学习的某种样态指标，但学习方式对我们理解和记忆信息的能力有很大影响，而每个人都有不同的学习风格，同一个观察者主观、量化地分析容易造成一刀切，一共有四种学习者类型：视觉学习者、听觉学习者、语言学习者、动觉学习者，不同类型的学习者有着自己独有的特点。

比如视觉学习者小A，一些记忆类的桌游、卡片、绘本书更容易唤醒他对知识的掌握；听觉学习者小B，可以在家里多准备有声读物，放给他听，鼓励他把掌握的知识讲给小伙伴或者父母听，这些都能帮助他们学得更好；听力、辩论或讨论对语言学习者小C就会很有帮助；在教动觉学习者小D识字阅读时，可以鼓励他用身体摆出各种文字，甚至和他一起演绎课文。

每种学习风格都会有它自己的优缺点，一味通过数据对学生扣一顶"多动症""从不听课"等的帽子对于学生来说就有失公平，因为不同的风格本没有对错。接纳学生的特点、优势和劣势，帮助他突破个人局限，方能不断精进！

**（四）不由自主怎能悠然自得**

随着大数据等技术的发展，教室里安装摄像头已屡见不鲜，这一做法还需辩证地看，虽然摄像头的安装便于教师或学校、家长及时了解学生动态，但这也会让学生感受到被监视、不自在，甚至反感和愤怒，不良的感受势必会影响学生的学习积极性，这样就得不偿失了。

教育大数据的核心在教育规律的挖掘，而非个体监管，教师这样通过严格控制、施加压力等方式对待学生的行为是错误的应用。单纯的人脸识别和监控技术并不能完全适配教与学，被监视的情况下学生在知识、能力、情感、态度等方面容易带有主观色彩，而教育更应该对学生的学习能力给出客观、公正的评价。个性化指导技术只能采集分析课堂数据，而数据的理解和应用还是由学校和老师来处理。

不论是什么技术与教育结合，都必须坚守教育本位，必须把人放在首位，坚持以人为本。固然教育机器人等一些人工智能产品可以作为学生学习、教师教学的助手或者伙伴，但教育本质上是人与人的交流和相互影响，人类虽然存在很多思维和认知上的缺陷，但也具有很多当前技术难以企及的能力。

总之，以积极共享的心态拥抱技术的发展，加快大数据等新型技术在教育中的应用，同时制定行业规范，相信未来一定能促进教育的深度变革。

# 后记三　推广与辐射

八年时间里，文艺二校的教学改革项目每年接待来自全国、省市区学校参观调研千余人次；116名教师因参与本项实践探索获得了国家、部省级优秀课；十余个省市级相关科研课题立项结题；多篇文章相继发表于《中国电化教育》《中国教育报》《基础教育论坛》等报纸杂志；学校完成了此项成果著作《基于新技术的小学个性化学习探索与实践》。2013—2015年，本项目研究成果以课例形式相继多次在"全国新媒体新技术教学现场会"开幕式以及"全国学习力现场会"上展示；2016年，教育部首批信息化试点校验收时该成果获得专家一致好评；2017年，多位教师在"全国数字化教学大会"上进行成果展示；2018年，本项目成果被评为"教育部基础教育信息化典型应用案例"，是目前基础教育信息化改革中的最高奖项，全省至今仅两例。

"基于新技术的小学个性化学习探索与实践"成果是开放的、系统的、可持续的，还未终结。随着社会迈入智能时代，教育将更加泛在化、智慧化和个性化。下一步，我们将牢牢把握前沿新技术发展趋势，化挑战为机遇，继续实行领跑战术，围绕知识服务、大数据、人工智能等方向，通过核心平台带动，重点项目承载，进一步将教育与技术相融合，继续聚集和培养复合型教师队伍，推进一批科研项目再有新突破，全面提升集团教育品质，从有形与无形两个方面丰富集团的教育资产，特别是要进一步推动教学链全面向智能化、数字化、信息化转型，更好地构建新时代教育的新形态。